Lieblings-plätze

WESERMARSCH

UND UMZU

Lieblingsplätze

WESERMARSCH
UND UMZU

GMEINER

NATASCHA MANSKI / DIANA MOSLER

Autor und Verlag haben alle Informationen geprüft. Gleichwohl wissen wir, dass sich Gegebenheiten im Verlauf der Zeit ändern, daher erfolgen alle Angaben ohne Gewähr. Sollten Sie Feedback haben, bitte schreiben Sie uns! Über Ihre Rückmeldung zum Buch freuen sich Autor und Verlag: lieblingsplaetze@gmeiner-verlag.de

Sofern nicht im Folgenden gelistet, stammen alle Bilder von Natascha Manski; Reinhold Manski 10, 24, 46, 48, 78, 190; Jana Weber 16; Tourismusservice Butjadingen/Thomas Hellmann 30; Hof Butendiek/Sonja Herpich 56; Diana Mosler 60, 62, 70, 72, 74, 76, 84, 86, 88, 90, 92, 96, 104, 106, 108, 112, 114, 116, 118, 120, 122, 124, 126, 128, 130, 132, 134, 136/137, 138, 142, 144, 146, 154; OOWV 64; Gemeinde Stadland 80; Centraltheater Brake eG 82; Skypic Media 94; michael stephan.eu 98; Schulschiffverein Großherzogin Elisabeth e.V. 100; Raimar von Wienskowski 102; Garten Moorriem 110; Raoul Wenck Fotografie/Tafelsilber Gastronomie GmbH 140; Stadt Oldenburg 148; Trixi Stalling/Niedersächsisches Landesmuseum Oldenburg/Schlossgarten Oldenburg 152; TeamEscape Varel 156; www.stoeverfotografie.de 158; Deutsches Marinemuseum 166; IBK Hausboote 174; Klimahaus/Hannes Voigt 180; Deutsches Auswandererhaus/Kay Riechers 182

Besuchen Sie uns im Internet:
www.gmeiner-verlag.de

1. Auflage 2020

Im Ehnried 5, 88605 Meßkirch
Telefon 07575/2095-0
info@gmeiner-verlag.de

Lektorat/Redaktion: Ricarda Dück
Herstellung: Mirjam Hecht
Umschlaggestaltung: Benjamin Arnold
unter Verwendung der Illustrationen von © FC – stock.adobe.com; © SimpLine – stock.adobe.com; © jan stopka – stock.adobe.com; © Ievgen Melamud – stock.adobe.com; © metelsky25 – stock.adobe.com; © Instantly – stock.adobe.com; © SG- design – stock.adobe.com; © Katrin Lahmer; © Benjamin Arnold
Kartendesign: © Maps4News.com/HERE
Druck: AZ Druck und Datentechnik GmbH, Kempten
Printed in Germany
ISBN 978-3-8392-2634-6

WESERMARSCH

UMZU

WESERMARSCH

1

Wattführung vor Eckwarderhörne
Treffpunkt:
Wattführerhäuschen
Zum Leuchtfeuer 118a
26969 Butjadingen-
Eckwarderhörne
0171 3151155
www.wattwanderung.de

AUF DEM MEERESBODEN WANDERN

Wattführung vor Eckwarderhörne

Schmatzend versinken meine Füße im weichen Watt, die Luft schmeckt salzig, eine Windböe zerrt an meinem Anorak. Irgendetwas pikst an meinem rechten großen Zeh. Vielleicht hätte ich mich doch für Wattwandersocken entscheiden sollen, die es am Wattführerhäuschen zu kaufen gibt? Zu spät – Matthias Schulz, Nationalparkführer und damit Chef der Gruppe winkt fröhlich mit zwei Keschern. »Los geht's! Wir gehen zu der Strandbuhne dort drüben.« Der bunt zusammengewürfelte Tross aus Eltern, Großeltern und Kindern stapft hinterher.

Wenn sich die Nordsee bei Ebbe zurückzieht, ist das UNESCO-Weltnaturerbe Wattenmeer begehbar. Dann zeigen sich am Boden plötzlich Lebewesen, die sich sonst unter Wasser aufhalten. Garnelen zum Beispiel, Wattwürmer und Muscheln. »Guck‹ mal, ein Krebs!« Ein kleiner Pöks mit hellblonden Haaren stolpert vor Aufregung fast über seine rote Schaufel. Matthias Schulz freut sich über das Stichwort und erklärt, dass es sich um eine Strandkrabbe handelt, die auf Nahrungssuche ist. Weiter geht's, zunächst parallel zum Deich. Auch die Krabbe flitzt los, hin zu einem der kleinen Priele, durch die noch ein bisschen Wasser fließt.

Wattwanderungen kann man nicht nur vor Eckwarderhörne, sondern auch in Fedderwardersiel und Tossens unternehmen. Aber hier, am südlichsten Zipfel Butjadingens, sind sie bemerkenswert schön. Das liegt an der Lage, aber auch an Matthias Schulz, der mit so viel Begeisterung über Nordsee, Gezeiten und Wurmhäufchen erzählt, als habe er die bizarre Schönheit des Wattenmeers selbst gerade erst entdeckt. »Mein Job ist es, im Matsch herumzulaufen«, kommentiert er norddeutsch-trocken, als die Gruppe sich mit Eimern, Schaufeln und Keschern wieder auf den Rückweg macht. Dabei guckt er so zufrieden, als könne er sich bei bestem Willen nichts Schöneres vorstellen.

Neben Touren für Familien startet am Treffpunkt unter anderem auch eine Sonnenuntergangswattwanderung. Besonders entspannend ist die Führung *Sound of Silence*, bei der – Pssst! – kein Wort gesprochen wird.

2

Leuchtturm Oberfeuer Preußeneck
Zum Leuchtfeuer 118 a
26969 Butjadingen-Eckwarderhörne
04736 507
www.leuchtfeuer-preusseneck.de

DIE NORDSEE VON OBEN BESTAUNEN

Aussichtsleuchtturm Oberfeuer Preußeneck in Eckwarderhörne

Schon von Weitem ist das Leuchtfeuer zu sehen: Signalrot hebt sich der mehr als 40 Meter hohe Stahlriese vom satten Grün der Wiese und dem tiefen Blau des Himmels ab. Wie ein typischer Leuchtturm sieht das Bauwerk allerdings nicht aus – eher wie ein Trichter, der von vier langen Pfeilern gestützt wird. Seine ungewöhnliche Erscheinung ist auch der Grund dafür, dass er noch nicht abgebaut wurde, obwohl er in seiner ursprünglichen Funktion nicht mehr gebraucht wird. Der Bau wurde sogar um eine Aussichtsplattform erweitert. Dafür gesorgt hat ein Bürgerverein – mit viel Engagement und der nötigen Portion Beharrlichkeit.

Ein kurzer Blick zurück: Mehr als 50 Jahre lang hatte der Leuchtturm, der seit 1962 in Eckwarderhörne steht, als Oberfeuer Seefahrern den Weg nach Wilhelmshaven gewiesen. Nach seiner Ausmusterung schien sein Schicksal besiegelt, denn eigentlich müssen Seezeichen nach ihrer Abschaltung demontiert werden. Da das Bauwerk allerdings bei den Einheimischen beliebt ist, wollten sie es nicht ohne Weiteres aufgeben. Sie gründeten einen Verein, warben für ihre Idee und sammelten Geld. Mit Erfolg! Ein Planfeststellungsbeschluss wurde außer Kraft gesetzt, der Leuchtturm erhielt eine Aussichtsplattform und ein kleines Informationszentrum im Maschinenhaus. Die ungewöhnliche Trichterform punktete bei den Behörden: Das Leuchtfeuer wurde wegen seiner Bauform als schützenswert eingestuft.

Und was haben die heutigen Besucher davon? Na, den Ausblick! Mit jedem Schritt hinauf in etwa 18 Metern Höhe werden Menschen und Schafe am Boden immer kleiner und die Augen größer. Bei ordentlich Wind eröffnet sich ein herrlicher Rundumblick über die grüne Halbinsel Butjadingen sowie den Jadebusen, den Jade-Weser-Port in Wilhelmshaven und die offene Nordsee.

Bitte nicht sofort losfahren, sondern zuerst auf die Homepage schauen! Dort findet man die aktuellen Öffnungszeiten für Besichtigungen.

KiG – Klettern im Garten
(April–Oktober)
Burgweg 40
20696 Butjadingen-
Mitteldeich
0174 1606454
www.klettern-im-garten.de

IN LUFTIGER HÖHE KRAXELN

Baumklettergarten KiG in Mitteldeich

»Klack« – der Karabinerhaken meines Gurtsystems, das mich mit einem robusten Stahlseil verbindet, rastet ein. Über mir rascheln die Blätter, vor mir warten schmale Holzbalken darauf, dass ich zum nächsten Baum klettere. Ein kurzer Blick nach unten. Komisch, vom Boden aus sah der Parcours gar nicht so hoch aus! Hinter mir wartet ein etwa zehnjähriger Junge und grinst mich an. Souveränes Lächeln zurück, schnelles Daumen-hoch-Zeichen, dann setze ich den linken Fuß auf einen Balken. Eine ziemlich wackelige Angelegenheit …

»Da kann überhaupt nichts passieren!«, ruft Stephan Rasper von unten. Er muss es wissen: Gemeinsam mit Freunden hat der gelernte Tischler die Anlage gebaut und sich damit einen Traum erfüllt. Einen Platz zum Klettern für alle Altersgruppen wollte er erschaffen – und das ist ihm wunderbar gelungen. Familien kraxeln im Baumgarten genauso wie Jugendliche und Fahrradausflügler, die froh sind, ihren Drahtesel mal zur Seite stellen zu können. Aus rund 30 Plattformen besteht die Anlage, die Stephan Rasper 2007 eröffnet und seitdem stetig weiterentwickelt hat. Heute warten etwa 40 Kletterelemente auf Höhen zwischen 1,50 und 10 Metern sowie drei Seilbahnen auf Abenteuerlustige.

Einen letzten Schritt noch, dann erreiche ich die nächste Plattform. Zeit, um den schönen Blick über die Wiesen und Siele zu genießen. Kühe grasen, zwei Kanus ziehen vorbei, es riecht nach frisch gemähtem Gras. Weiter geht's! Ich hake mich aus und auf der anderen Seite des Baumes wieder ein. Auch das ist gar nicht so leicht – die Bäume sind bis zu 100 Jahre alt, die Stämme also ziemlich massiv. Kurze Zeit später erreiche ich schon das Ende des Parcours, die Seilbahn. Mit Schwung stoße ich mich ab. Auch wenn es schön in den Baumkronen war – nun freue ich mich auch wieder auf den sicheren Boden!

Der Klettergarten ist von April bis Oktober geöffnet. Sie sind nicht der Kletter-Typ? Dann trinken Sie doch einen Kaffee, während die Sprösslinge kraxeln. Der schöne Biergarten befindet sich in der Mitte der Anlage.

4

Heuhotel Ruhwarden
(April–Oktober)
Ruhwarder Straße 30
26969 Butjadingen-
Ruhwarden
04736 232
www.heuhotel-
ruhwarden.de

Rustikal im Stall übernachten

Heuhotel Ruhwarden

Durchs Stallfenster fällt die Sonne. Das Heu duftet, pikst leicht durch den Schlafsack und kitzelt in der Nase. Zeit aufzustehen!

Im Wurtendorf Ruhwarden bieten Anne und Frank Francksen Übernachtungen in einem ehemaligen Stall an. In zwei Schlafräumen lautet das Motto: »Heu statt Matratzen«. Wer einmal richtig ins Landleben eintauchen möchte, hat auf diesem Hof die Gelegenheit dazu!

Apropos Landleben: Das erleben Besucher bei den Francksens ungefiltert. Die Gastgeber kümmern sich nämlich nicht nur um Urlauber, sondern auch um 130 Milchkühe, die den Tagesablauf auf dem Hof bestimmen. Füttern, melken und die Liegeboxen reinigen – die Gäste können den Hausherren bei der Arbeit über die Schulter schauen. Der Betrieb ist übrigens typisch für den Landkreis: Die Wesermarsch ist eine der größten zusammenhängenden Grünlandregionen Deutschlands – knapp 70 Prozent der Fläche werden landwirtschaftlich genutzt, davon rund 90 Prozent als Dauergrünland. Rinderhaltung mit Milcherzeugung ist – wie bei den Francksens – der Haupterwerbszweig.

Auf dem Ruhwarder Bauernhof lebt neben den Kühen und Kälbern auch das Shetlandpony Maya. Durch die Dreschdiele flitzen außerdem Katzen, und Labradorhündin Paula dreht regelmäßig ihre Runden auf dem Gelände. Das finden besonders Kinder spannend, denen auch bei schlechtem Wetter kaum langweilig wird: In der Scheune können sie auf einer riesigen Strohpyramide toben, schaukeln oder sich verstecken.

Geöffnet ist das Heuhotel von April bis Oktober, danach heißt es: Alles muss raus! Sobald im Frühjahr dann wieder die ersten Sonnenstrahlen durchs Stallfenster blinzeln, beginnt eine neue Saison – mit duftendem Salzwiesenheu, einem leichten Piksen und einem Kitzeln in der Nase.

Sie planen eine Übernachtung im Heu? Packen Sie neben Schlafsack und Kopfkissen am besten auch eine Taschenlampe mit ein.

5

Wein- und Teekontor
mit Friesischer Teestube
und Café Ekke Nekkepenn
Burmeidsweg 1
26969 Butjadingen-
Langwarden
Teekontor: 04733 173731
Reservierung:
04733 173732
www.teekontor-nordsee.de

FRIESISCHE ZEREMONIE KENNENLERNEN

Wein- und Teekontor mit Teestube in Langwarden

Sie heißen *Schwarzer Drache, Lecker Teetied* oder *Chun Me,* schmecken mild und würzig und lassen sich am besten heiß genießen: Mehr als 250 Teesorten wiegt und verpackt Heinz-Günter Greiß im Wein- und Teekontor. Gemeinsam mit seiner Frau Walburga zog es den gebürtigen Rheinländer Anfang der 1990er-Jahre nach Butjadingen. Neben dem gemeinsamen Fernweh verbindet die beiden die Leidenschaft für Tee in allen Variationen. Und der schmeckt hier an der Küste, wo die Luft salzhaltig ist und sich die Gräser im Wind biegen, besonders gut!

Als das Paar den alten Gulfhof in Langwarden im Frühjahr 2000 entdeckte, stand der Entschluss fest: In den Kuh- und Pferdestall zog das Butjadinger Wein- und Teekontor ein. Und da der ehemalige Bauernhof noch mehr Platz bot, eröffneten sie zusätzlich die Friesische Teestube und das Café *Ekke Nekkepenn.*

Auf den Tischen stehen Kännchen mit Stövchen, es riecht nach Vanille und Kuchen. Wer mag, kann auf einem Sofa Platz nehmen und sich erklären lassen, wie die Teezeremonie genau funktioniert. Moment, ein ostfriesischer Brauch in der Wesermarsch? Exakt! Die Friesen besiedelten die Wesermarsch etwa ab 650 nach Christi. Sehr viel später, im frühen 17. Jahrhundert, wurde dann von den Ostfriesen die Teekultur entwickelt. Und die gefällt Walburga Greiß so gut, dass sie das heiße Getränk nicht nur in hübschem Porzellan serviert, sondern den Gästen auch gerne die Geschichte dazu erzählt. In ihrem Café kommen außerdem täglich selbst gebackene Torten auf den Tisch. Neben einer Deichtorte mit Birnen bietet Walburga Greiß unter anderem auch eine Wattentorte mit Pflaumenmus an.

Ach ja: Falls Sie nicht zu den Teeliebhabern gehören sollten, sondern koffeinhaltige Heißgetränke vorziehen: Kaffee gibt es im Café *Ekke Nekkepenn* ebenfalls!

Nehmen Sie sich eine Stärkung mit, bevor Sie sich wieder auf den Weg machen: Die *Schafsköttel direkt vom Deich* sind klein, pechschwarz und schmecken lakritzig-lecker.

6

Deichschäferei Feldhausen
(Führungen und Melkhus: Ostern–Oktober)
Feldhauser Straße 2
26969 Butjadingen-Feldhausen
04733 1455
www.deichschaeferei-feldhausen.de

ZUM SCHÄFERSTÜNDCHEN VERABREDEN

Deichschäferei Feldhausen

Weißes Fell, dunkle Knopfaugen und eine rosa Stupsnase: Der Neuzugang im Schafstall guckt die Besucher neugierig an und macht auf wackeligen Beinen einen unsicheren Schritt nach vorne. »Mäh!«

Im Februar und März herrscht Hochbetrieb in der Deichschäferei Feldhausen. Es ist Lammzeit, und das bedeutet bei 500 Mutterschafen: turbulente Tage, kurze Nächte und viel Zeit im Stall. »Wir sind das ja gewohnt«, sagt Anke Plümer, die den Hof gemeinsam mit ihrem Mann Harald betreibt, und fegt Stroh in eine Box. Die Deichschäferin weiß: Ab April wird es wieder ruhiger, dann leben die Lämmer den Sommer über mit ihren Müttern auf dem Deich.

Die flauschigen Vierbeiner werden auch Trippelwalze genannt, und das hat einen guten Grund. Die Schafe halten nicht nur das Gras schön kurz und sind damit der perfekte Rasenmäher, sondern treten mit ihren Hufen auch die Erde fest. Damit sorgen sie dafür, dass der Deich standhält, wenn eine Sturmflut auf die Küste zurollt. Allein die Hauptdeichlinie in Niedersachsen beträgt rund 610 Kilometer. Wenn man auch die tidebeeinflussten Flussmündungen und die Inseln hinzuzählt, sind es sogar mehr als 1.000 Kilometer.

Die Trippelwalzen der Plümers in Butjadingen grasen auf rund 13 Kilometern Deich. Und weil Besucher meist viele Fragen stellen und alles genau wissen wollen, bieten sie regelmäßig ein »Schäferstündchen« an. Während eines Betriebsrundgangs berichten die Deichschäfer von April bis Oktober jeden Mittwoch ab 10 Uhr, warum einige Lämmer Flecken haben und andere nicht, wann die Scherzeit beginnt und in welchem Jahr Butjadingen das letzte Mal von einer Sturmflut überrascht wurde.

Der Neuzugang im Schafstall ist übrigens inzwischen im Stroh eingedöst. Schlauer Kerl: Der Küstenschutz ist eine große Aufgabe – die sollte man unbedingt ausgeruht angehen.

Neben einem Melkhus gibt es auch einen Hofladen, in dem man Produkte vom Lamm erwerben kann – vom Schafskäse über Handschuhe aus Fell bis zu Strickjacken aus Wolle.

7

Naturerlebnispfad Langwarder Groden
Startpunkt: Parkplatz am Feldhauser Deich
26969 Butjadingen
53°36'32.3"N 8°19'11.3"E

Den Wandel einer Salzwiese erleben

Naturerlebnispfad Langwarder Groden

Eine kleine Vorwarnung: Wer auf der Suche nach Action ist, der sollte sich nicht für den Langwarder Groden entscheiden. Diejenigen allerdings, die Lust haben auf Ruhe, Entspannung und Natur pur – die sind auf den insgesamt sechs Kilometer langen Wanderwegen mitten im Nationalpark Niedersächsisches Wattenmeer genau richtig!

Das Besondere: Besucher können die Entstehung einer neuen Salzwiese miterleben. Ein Rundweg führt durch den Groden vorbei an 70 Hektar Wiesenvogelbrut- und Gänserastgebieten bis zu einem Bohlensteg. Der führt in eine Fläche, die einmal eine Salzwiese werden will. An Beobachtungspunkten sind Ferngläser installiert, Informationstafeln erläutern die Landschaft. Im Frühjahr und Herbst lässt sich zudem der Vogelzug beobachten. Große Trupps Goldregenpfeifer, Brachvögel und Alpenstrandläufer nutzen das Areal zusammen mit vielen weiteren Vogelarten als Rastplatz, bevor sie zum Überwintern weiterziehen. Im Winter sieht man auf dem Erlebnispfad naturgemäß wenig, wegen zeitweiser Überflutung werden die Infoelemente abgebaut – ein Besuch empfiehlt sich also unbedingt im Sommerhalbjahr!

Salzwiesen gehören heute zu den äußerst seltenen und gefährdeten Lebensräumen. Wenn man sie gewinnen beziehungsweise vergrößern möchte, kann man durch Vor- und Sommerdeichöffnungen dafür sorgen, dass sie regelmäßig vom Salzwasser überflutet werden. Genau das ist 2014 zusammen mit weiteren Maßnahmen zur Renaturierung im Langwarder Groden passiert. Nachdem die Flächen seit der Eindeichung in den 1930er-Jahren vom Meer abgeschnitten waren, wurde der Vordeich wieder geöffnet. Das ist nicht nur schön für die Natur, sondern auch für Sie – denn auf diese Weise können Sie die Entwicklung der Salzwiese im Wandel der Gezeiten miterleben!

Sie möchten ganz genau erfahren, welche Pflanzen und Tiere sich auf der entstehenden Salzwiese tummeln? Das *Nationalpark-Haus Museum Fedderwardersiel* bietet Führungen an.

8

Nationalpark-Haus Museum Fedderwardersiel
Am Hafen 4
26969 Butjadingen-Fedderwardersiel
04733 8517
www.nationalparkhaus-wattenmeer.de

Dem Knistern des Watts lauschen

Nationalpark-Haus Museum Fedderwardersiel

Speiseteller mit Besteck, eine Menükarte und kleine Köstlichkeiten unter geputzten Glasglocken – was für ein schön gedeckter Tisch! Allerdings: Die Servietten fehlen, und die Deko-Gänse wirken vielleicht ein bisschen dominant …

Erst auf den zweiten Blick wird deutlich: Die Tierchen aus Holz haben genau die richtige Größe, denn sie spielen die Hauptrolle in diesem Ensemble. An diesem Platz erfahren Besucher nämlich nicht nur, wieviel eine Brandgans frisst, sondern auch, wovon sie sich ernährt. Auf ihrer Speisekarte stehen Muscheln und Schnecken – also Lebewesen, die im Watt zu Hause sind.

Wie der Wechsel der Gezeiten das Leben an der Küste prägt und warum das Watt viel mehr ist als nur brauner Matsch – das erfahren die Besucher im *Nationalpark-Haus Museum Fedderwardersiel.* Man kann das Rauschen der Wellen und das Knistern des Watts hören, begegnet einer Fischerfamilie und erkundet mit einer Kugelbahn das Prinzip des Deichbaus. Immer im Mittelpunkt: Das Wattenmeer, das mit Ebbe und Flut die Küstenlinie Butjadingens prägt. Eine Gezeitenanimation erklärt, wie die Tiden eigentlich genau ablaufen. Wie es sich anfühlt, wenn man den Naturgewalten ausgesetzt ist, hört man von Zeitzeugen, die in Butjadingen 1962 eine Sturmflut erlebt haben.

Die Ausstellung im Nationalpark-Haus ist eine Mischung aus Multimediastationen, Modellen, Schaukästen und historischen Exponaten. Da man einiges selbst ausprobieren kann, ist ein Besuch auch für Kinder spannend. Bei einem Ausstellungsstück können sie zum Beispiel raten, wie viele Würmer in einem Kubikmeter Watt leben, und schauen, ob der Schlüssel zu der Tür mit der gewählten Zahl passt. Falls ja: Glückwunsch! Falls nicht: Einfach noch einmal schätzen, die Frage ist ja auch nicht ganz einfach …

Erst die Theorie, dann die Praxis: Unternehmen Sie unbedingt einen Spaziergang in Fedderwardersiel. Watt und Salzwiese liegen direkt vor der Haustür.

9

Kutterhafen Fedderwardersiel
Am Hafen
26969 Butjadingen-Fedderwardersiel

Tourismus-Service Butjadingen
Strandallee 61
26969 Butjadingen
04733 929340
www.butjadingen.de

FANGFRISCHE KRABBEN KAUFEN

Kutterhafen Fedderwardersiel

Meter für Meter ziehen die Kutter ihre Fangnetze über den Meeresboden. Die Nordseekrabben – Granat genannt – werden aufgeschreckt, eingefangen und dann an Bord erst in Meerwasser gekocht und schließlich gekühlt. Sind die Netze leer und die Kühlräume voll, geht es zurück in den Kutterhafen Fedderwardersiel.

»Wir fischen nachhaltig und im Einklang mit der Natur«, sagt Söhnke Thaden. Deshalb verkaufe man den Fang auch mit Stolz. Dem Butjadinger gehört einer der insgesamt sechs Kutter der Flotte. Wie seine Kollegen fängt er hauptsächlich Krabben, von Mai bis September zudem Plattfische wie Scholle und Seezunge.

Nach und nach laufen die Boote mit der Flut ein; Kisten werden ausgeladen, Decks geschrubbt, Netze geflickt. Der Fang wird an den Großhandel verkauft oder direkt vom Schiff. Das Wasser zieht sich nun langsam zurück, immer weiter, bis die Kutter schließlich trockenfallen und auf dem glänzenden Schlick liegen. Um die Fahrrinne zu erhalten, rücken einmal im Jahr Bagger an. Routine für die Fischer, kein Grund zur Aufregung. Auch rund um das Hafenbecken herrscht eine maritim-entspannte Stimmung. In einem Schuppen der DGzRS kann man sich ein altes Rettungsboot anschauen, bei *Andy's Hafenkombüse* wird Backfisch über den Tresen gereicht. Wer zu Hause lieber selbst zur Pfanne greifen möchte, sollte das Butjadinger Fischfachgeschäft ansteuern: Dort gibt es beste Qualität – nicht nur beim Granatbrötchen.

Ist der Fang gelöscht und verkauft, denken die Fischer bereits an die nächste Tour. Klar, ein bisschen von seiner ursprünglichen Romantik habe der Beruf schon verloren, räumt Thaden ein. »Früher ging man mit Taschenmesser an Bord, heute mit Laptop«, scherzen deshalb einige Kollegen. Das stimme zwar, ergänzt Thaden, er sei sich gleichzeitig aber sicher: »Fischer zu sein ist noch immer der schönste Beruf der Welt.«

Geschmückte Kutter, Krabbenpul-Meisterschaften und *Open Ship* auf dem Rettungskreuzer: Die Krabbenkutterregatta ist ein Erlebnis! Termine unter: www.butjadingen.de/vor-ort/veranstaltungen/.

10

Nordsee-Lagune
(Mai–September)
Am Deich 21a
26969 Butjadingen-Burhave
04733 173094
www.butjadingen.de/nordseelagune

DEN TIDEN EIN SCHNIPPCHEN SCHLAGEN

Nordsee-Lagune in Burhave

Die Gezeiten an der Nordsee sind ein faszinierendes Naturschauspiel: Zweimal am Tag steigt und sinkt das Wasser und gibt einmalige Einblicke in eine abwechslungsreiche Naturlandschaft frei. Wer gerne schwimmen möchte, guckt jedoch oft in die Röhre beziehungsweise aufs Watt, denn: Kaum hat man die Badehose angezogen, ist das Meer weg!

Die Gemeinde Butjadingen hat auf dieses Ärgernis reagiert – und die Ebbe einfach abgeschafft. Zwischen Deich und Meer wurde die tideunabhängige Nordsee-Lagune angelegt. Sie besteht ausschließlich aus Meerwasser, das – bevor es in den Badesee fließt – in einer biologischen Aufbereitungsanlage gereinigt wird. Die Aufgabe des Reinigungspersonals übernehmen dabei Muscheln und Algen, auf Chemie wird komplett verzichtet. Das Meerwasser zirkuliert in einem Kreislauf: Täglich wird frisches aus der Nordsee gepumpt, während das aus der Lagune zurück in die Nordsee fließt. Das Meerbad wurde bereits mit verschiedenen Zertifikaten ausgezeichnet – unter anderem mit dem IQN-Gütesiegel für gute Wasserqualität.

Urlauber und Einheimische, die in dem See zwischen Burhave und Fedderwardersiel unter Aufsicht der DLRG schwimmen, Wasserball spielen oder ihre Runden auf der Luftmatratze drehen, freuen sich über das Ergebnis: tidenunabhängiger Badespaß von Mai bis Ende September, auch wenn das Meer sich gerade mal wieder zurückgezogen hat. In und rund um die Nordsee-Lagune wartet außerdem Action für alle Altersgruppen, zum Beispiel ein Wasserkletterball und ein Piratenschiff, ein Wasserspielplatz, Beachvolleyball- und Fußballfelder, Strandkörbe sowie flache Strandabschnitte für die Kleinsten. So vergeht die Zeit an der Lagune wie im Flug. Und ehe man sich versieht, ist die Nordsee plötzlich – schwups – schon wieder da!

Die Nordsee-Lagune ist von Mai bis September geöffnet. An der Nordsee-Lagune finden auch Veranstaltungen statt: Heiß wird es zum Beispiel bei der *Lagune in Flammen,* eiskalt beim jährlichen Neujahrsschwimmen.

11

Spielscheune Burhave
Strandallee 57a
26969 Butjadingen-Burhave
04733 929371
www.spielscheune.com

DURCH BUNTE BÄLLE TOBEN

Spielscheune Butjadingen in Burhave

Ihre blonden Zöpfe flattern in der Luft, während Lia auf dem quietschgelben Trampolin höher und höher springt. Um sie herum klettern und toben Kinder, Erwachsene unterhalten sich oder flitzen ihrem Nachwuchs hinterher.

Klar, in Butjadingen kann man viel draußen unternehmen, salzige Nordseeluft immer inklusive. Aber was ist, wenn einem das norddeutsche Schietwetter einmal einen Strich durch die Pläne macht? Dann geht's ab in die Spielscheune in Butjadingen!

Auf rund 3.000 Quadratmetern warten auf Kinder ab drei Jahren jede Menge Action und Abwechslung. Mutige Miniurlauber und Mini-Butjenter kraxeln auf den zehn Meter hohen Kletterberg, Wasserratten steuern Schaufelradboote durch einen Pool – und wer es schnell mag, kann eine tomatenrote Rutsche hinuntersausen. Die ist übrigens 45 Meter lang und sorgt für ordentlich Tempo.

Während Lia inzwischen das Bällebad entdeckt hat und durch ein Meer von rund 8.000 bunten Plastikkugeln tobt, kommt im hinteren Teil der Spielscheune die Kids-Kartbahn in Bewegung. Vier verschiedene Elektroautos stehen zur Auswahl: Wer es gemütlich mag, entscheidet sich für den grünen Trecker. Etwas schnittiger sieht da schon das orange Rennauto aus, das – wie seine Vorbilder – Werbung auf den Radkappen trägt. Täglich finden zudem Aktionen im Animax-Kids-Club statt – vom Basteln über Pizza backen, Wattfußball oder die Kids-Disco mit den flauschigen Maskottchen Fietje und Fiete. Im Sommer öffnet außerdem draußen das Indianerdorf. Dort kann man die Indianersprache lernen und weitere Abenteuer erleben.

Draußen hat der Wind inzwischen die dunklen Wolken weggepustet, und erste Sonnenstrahlen fallen aufs Dach. Wenn es nach Lia ginge, dürfte es ruhig weiterregnen – drinnen in der Spielscheune auf dem Sandspielplatz mit dem großen Holzschiff bekommt man davon gar nichts mit.

Sie möchten relaxen, während Ihre Kids toben und spielen? Gönnen Sie sich doch eine Auszeit auf einem der Massagesessel oder spielen Sie eine Partie auf der angrenzenden Bowlingbahn!

12

Kunstpromenade
von Burhave nach
Fedderwardersiel
Strand Burhave
Startpunkt: Parkplatz
Burhave
Strandallee
26969 Butjadingen

Tourismusservice Butjadingen
Strandallee 61
26969 Butjadingen
04733 929340
www.butjadingen.de

KULTURGENUSS MIT WELLENRAUSCHEN

Kunstpromenade Butjadingen ab Burhave

Unsicher schaut die Frau im blauen Badeanzug aufs Wasser – soll sie nun schwimmen gehen oder nicht? Allerdings: Es ist ziemlich frisch, und die Nordsee zieht sich gerade zurück. Kälte macht der Dame allerdings nichts aus. Sie ist aus solidem Holz geschnitzt und steht das ganze Jahr über am Stand. Die Frau mit dem Namen *Die Badende* ist eine von sechs Skulpturen der Kunstpromenade Butjadingen zwischen Burhave und Fedderwardersiel. Die Lage macht einen Spaziergang entlang der Promenade zu einem außergewöhnlichen Erlebnis – Wellenrauschen, Möwengeschrei und salzige Luft schmücken den Kulturgenuss.

Bei einem Symposium unter der Leitung des Bildhauers und Hochschullehrers Professor Bernd Altenstein haben sieben Künstler aus der gesamten Bundesrepublik die Kunstwerke geschaffen. Vier Wochen hatten sie Zeit, um ihre Ideen umzusetzen. Die Materialien reichen von rauem Holz über glatten Stein bis zu Metall und kaltem Marmor. Für die lebensgroße Frau im Badeanzug am Burhaver Strand wählte die Holzbildhauerin Cornelia Brader robuste Eiche. Zu den auffälligsten Installationen gehört auch *Der Blick* von Gisela Eufe in der Nähe des Wattenstegs in Burhave. Mehr als vier Meter hoch ist der Sockel aus Metall, oben steht eine Frau, leicht nach vorne übergebeugt, wie zum Absprung bereit. Einen richtigen Augenkontakt kann man jedoch nicht herstellen, denn die Figur ist vollständig in Dunkelblau gehalten. Auf Mimik hat die Bildhauerin verzichtet.

Wer mehr über die Künstler erfahren möchte, hat übrigens bequem die Gelegenheit dazu: An jeder der sechs Skulpturen sind QR-Codes angebracht. Diese kann man einscannen und erhält auf diese Weise alle Informationen aufs Smartphone.

Rund um die Skulpturen gibt es noch viel mehr zu entdecken – zum Beispiel den Wattensteg am Burhaver Strand, einen 200 Meter langen Holzbohlensteg mit einmaligem Ausblick aufs Wattenmeer.

13

Landhaus Tettens
Am Dorfbrunnen 17
26954 Nordenham-Tettens
04731 39424
www.landhaus-tettens.de

Beste Qualität für alle

Landhaus Tettens

Strahlend weiß verputzt, mit Reet gedeckt und direkt hinterm Deich: Das ehemalige Bauernhaus ist ein Blickfang. Innen geht es ländlich-rustikal zu: Holzstühle auf dunklem Teppich, aufgefächerte Servietten auf den Tellern, an der Decke Kronleuchter an schweren Dielenbalken.

Das Landhaus Tettens ist etwas Besonderes. Regelmäßig erhält das Restaurant eine Erwähnung im Guide Michelin. Die Verfasser loben den idyllischen Garten und empfehlen die regional-internationale Küche. Darauf angesprochen, ist Regina Modro, die zusammen mit Ehemann Nico Schmidt den Gasthof führt, der kulinarische Ritterschlag fast ein bisschen unangenehm. Natürlich, man freue sich über die Auszeichnung, versichert sie und ergänzt dann schnell: »Wir sind jedoch alles andere als ein Lokal nur für Feinschmecker!« Alle seien willkommen – Radler in Shorts genauso wie größere Gruppen und Familien mit Kindern. Für die Lütten steht im Eingangsbereich ein Kasten mit Spielsachen. Wenn irgendwie möglich, machen die Servicekräfte einen routinierten Bogen um Bauklotztürme und Malbücher.

Während Regina Modro die Chefin im Gastraum ist, ist ihr Mann der Boss in der Küche. Der gelernte Koch, der seine Ausbildung im Schwarzwald absolviert hat, setzt überwiegend auf frische Produkte aus der Region. Convenience kommt bei ihm nicht in den Topf, auch Saucen rührt er selbstverständlich selbst an. Gemüse und Salat kauft er gerne auf dem Nordenhamer Wochenmarkt. Bei Fleisch und Fisch kommt ebenfalls nur beste Qualität auf den Teller – unter anderem stehen Filetspitzen vom Angus-Rind, Seezunge und Karree vom Salzwiesenlamm auf der Speisekarte. Das ist Ihnen zu viel Schnickschnack? Keine Sorge: Es gibt auch Wiener Schnitzel mit Bratkartoffeln. Darum geht es ja: Jeder ist willkommen!

Und was empfehlen die Inhaber? Regina Modros Zweierlei vom Salzwiesenlamm und die marinierten Zimtpflaumen an Vanilleeis.

14

St.-Hippolyt-Kirche
Deichstraße 12
26954 Nordenham-Blexen
Kirchenbüro: 04731 31104
www.kirche-blexen.de

Ein Missionar im Ort des Blitzes

St.-Hippolyt-Kirche in Blexen

Die St.-Hippolyt-Kirche ist das älteste Gotteshaus der Wesermarsch, sie gilt als der Ursprungsort des christlichen Glaubens für die gesamte Region. Und auf der Predigertafel aus dem Jahr 1688 findet sich ein berühmter Name: Der Friesenmissionar Willehad wird als erster Kanzelredner aufgeführt. Willehad war etwa ab 770 als Geistlicher in Friesland und im Gebiet der Sachsen aktiv und sollte später der erste Bischof von Bremen werden.

St. Hippolyt wurde im 11. und 12. Jahrhundert errichtet. Einen Vorgängerbau aus Holz gab es jedoch schon früher; die erste Kirche wurde 840 erwähnt. Ihr Standort war klug gewählt: Das Gotteshaus steht auf der höchsten Stelle am Rande einer Wurt an der Wesermündung. An diesem Platz konnte sie den Menschen bei verheerenden Sturmfluten über viele Jahrhunderte Schutz bieten.

Das Interieur des Gebäudes stammt überwiegend aus der frühen Barockzeit. Auch findet man – wie in vielen Kirchen in der Wesermarsch – eine prachtvolle Ausstattung von Ludwig Münstermann. Von ihm stammt der Altar aus dem Jahr 1610, der später allerdings stark verändert wurde. Die Kanzel konnte der Schnitzer und Bildhauer nicht mehr selbst anfertigen: Nach seinem Tod übernahm der Sohn des Meisters die Aufgabe. Zusammen mit der flachen, mit Ornamenten verzierten Holzbalkendecke und der in derselben Farbe gehaltenen Orgel, die über 22 Register verfügt, ergibt sich ein harmonisches Gesamtbild.

Am Ort seiner Anfänge schloss sich auch der Lebenskreis für Willehad. An Allerheiligen 789 weihte er den ersten Dom zu Bremen, der damals noch ein Holzbau war. Eine Woche später starb er während einer Visitationsreise in Blexen an heftigem Fieber. Die Siedlung trug damals übrigens noch einen anderen Namen: Pleccatesheim – Ort des Blitzes.

Wer mehr über den Sakralbau erfahren möchte, kann sich einer Führung anschließen, unter anderem geht es hoch hinaus auf den Turm. Die Termine kann man im Kirchenbüro erfragen.

15

Fähranleger Blexen
26954 Nordenham

Weserfähre GmbH
Zur Hexenbrücke 11
27570 Bremerhaven
0471 3003600
www.weserfaehre.de

ZWÖLF MINUTEN AUF GROSSE FAHRT!

Weserfähre von Blexen nach Bremerhaven

Polternd rollt der Lastwagen auf das Schiff, gefolgt von einem Wohnmobil und einem signalroten PKW. Radler lehnen ihre Fahrräder an die Reling, Fußgänger stellen Taschen neben sich aufs Deck. Hoch oben im Führerhaus wirft Herbert Otten einen Blick auf die Uhr. »So, geht los«, sagt der Kapitän und drückt den Hebel nach unten. Die Weserfähre nach Bremerhaven legt in Blexen ab.

Etwa zwölf Minuten dauert die Überfahrt. Eine schöne Auszeit vom Alltag, in der man Boote betrachten, Möwen beobachten und sich den Wind um die Nase wehen lassen kann. Es riecht nach Diesel, salziger Luft und auch ein bisschen nach Freiheit. Denn ist eine Schiffsfahrt nicht immer etwas Besonderes – auch wenn sie nach einer knappen Viertelstunde schon wieder vorbei ist?

Klar, man könnte auch den Wesertunnel wählen, der weiter südlich 1,4 Kilometer durch den Fluss führt. Direkt nach seiner Eröffnung 2004 haben das auch viele gemacht. Doch mit der Zeit änderte sich das. Heute ist an Deck wieder viel los: Urlauber genießen die Flusstour genauso wie Einheimische und Berufspendler. Auch auf der Weser ist heute Betrieb: Schnittige Jollen kreuzen mit geblähten Segeln, Sportboote flitzen an der Fähre vorbei. Diese nähert sich der Bremerhavener Skyline – ein imposantes Panorama mit dem Hotel Atlantic Sail City, dem ufoartigen Klimahaus und der Glaskuppel des Einkaufszentrums Mediterraneo.

Kapitän Herbert Otten war früher auf großen Tankern unterwegs, auf dem Rhein und auf der Elbe. Ist es da nicht ein kleines bisschen langweilig, täglich die gleiche Route zurückzulegen, eine Strecke von gerade einmal dreieinhalb Kilometern? »Überhaupt nicht!«, erwidert er. »Man muss genau gucken, wer auf der Weser unterwegs ist. Man weiß nie genau, was passiert. Und jeder Tag ist anders. In welchem Job hat man das schon?«

Falls Sie kein Vegetarier sind: Probieren Sie die Bockwurst in der Kantine – sie ist ein echter Klassiker.

16

Seenpark Nordenham
B212/Coldewärfer Straße
26954 Nordenham-
Phiesewarden

Kinder- und Jugendfarm Nordenham
Friedrich-August-Straße 9
26954 Nordenham-
Phiesewarden
04731 89105

MINI-AUSZEIT IN DER NATUR

Seenpark Nordenham in Phiesewarden

Schwäne, Enten, Frösche – und jede Menge Schwalben: Wenn man einen Spaziergang im Seenpark Nordenham unternimmt und sich umschaut, mag man nicht glauben, dass das Areal künstlich angelegt wurde. Heute nutzen die Nordenhamer die Oase vor der Haustür gerne, um frische Luft zu schnappen, eine Runde mit dem Hund zu drehen oder zu angeln.

Der Seenpark besteht aus mehreren Wasserflächen und ist Mitte der 1990er-Jahre entstanden, als Kleiboden für den Deich- und Deponiebau benötigt wurde. Praktisch für alle, die Natur in der Stadt mögen: Heute werden die Gewässer von Röhricht gesäumt, unter anderem brüten Gänse, Taucher und Watvögel in dem Gebiet. Außerdem kann man eine der größten Flussseeschwalbenkolonien Nordwestdeutschlands beobachten. Bei der Auspüttung der Seen hat man mitgedacht und drei Inseln stehen lassen. Auf ihnen fühlt sich die Vogelart pudelwohl und nutzt sie als Brutplatz. Am besten verfolgen lässt sich das Treiben im Frühsommer von einem Beobachtungsstand aus. Im Sommer ist im Seenpark in einigen Abschnitten auch das Baden möglich – eine schöne Möglichkeit für alle, die keine Lust auf Chlorwasser und überfüllte Freibäder haben.

Familien sollten bei einem Besuch Zeit für die nahe Kinder- und Jugendfarm einplanen. Dort können sich die Kids um Schafe, Ziegen, Kaninchen oder Ponys kümmern, in einem Teich nach Fischen und Fröschen suchen oder im Garten Kräuter und Pflanzen pflegen und ernten. Außerdem lernen sie den Umgang mit Werkzeugen, Holz oder Stoffen und Nähnadeln. Der Besuch der Kinder- und Jugendfarm ist kostenfrei, die Farm ist von Mai bis September nachmittags geöffnet.

Sie sind mit Ihrem Vierbeiner unterwegs? Am *Seenpark II* gibt es einen etwa einen Kilometer langen Rundweg mit Bademöglichkeit, außerdem können Hunde in diesem Bereich ganzjährig frei laufen.

17

Freizeitbad Störtebeker
Atenser Allee 48
26954 Nordenham-Atens
04731 5050
www.nordenham.de/de/freizeit/hallenbaeder

MIT EINEM FREIBEUTER SCHWIMMEN

Freizeitbad Störtebeker in Atens

Er war ein berühmter Seeräuber, der Handelsschiffe von reichen Kaufleuten angriff, um die Beute unter den Armen zu verteilen: Klaus Störtebeker. Zwar mag der Freibeuter im 14. Jahrhundert Angst und Schrecken auf dem Meer verbreitet haben – im Nordenhamer Hallenbad wirkt er hingegen ziemlich entspannt. Die Figur mit Augenklappe, Seemannskluft und Schatzkiste überwacht das Erlebnisbecken und behält auch noch den Überblick, wenn um sie herum Kinder im sprudelnden Wasser toben.

Das Freizeitbad Störtebeker ist sowohl bei schlechtem als auch bei bestem Wetter einen Besuch wert. Wer sportlich seine Bahnen ziehen will, der kann das im 25 × 12,5 Meter großen Becken tun. Auf einer mehr als 60 Meter langen Riesenrutsche geht man auf Rekordjagd; die Zeit wird von einer Messanlage gestoppt. Entspannt wird es im Erlebnisbecken mit Strömungskreiseln, Geysiren und Massageduschen. Und die Kleinsten können im Babybecken plantschen und mit einer Riesen-Wasserschlange spielen.

In den Sommermonaten besteht die Möglichkeit, aus der Halle direkt ins Außenbecken zu schwimmen. Wer sich abkühlen möchte, testet am besten die Wellenrutsche. Aber heiße Temperaturen sollten insgesamt kein Problem sein: Erfrischt man sich nicht gerade im Wasser, spenden alte Bäume auf den Liegeflächen des rund 8.500 Quadratmeter großen Geländes Schatten. Für Abwechslung sorgen außerdem eine Tischtennisplatte, ein Volleyballfeld und große Schachfiguren. Mit einem Babybecken wurde auch unter freiem Himmel an die Kleinsten gedacht.

Wer bei so viel sportlichen Aktivitäten Hunger und Durst bekommt, setzt sich mit einer Limo, Eis oder Süßigkeiten in die Milchbar. Sie bietet eine gute Aussicht auf das bunte Treiben im Schwimmbad – und auf einen entspannten Klaus Störtebeker.

Jeden Freitagnachmittag, außer in den Sommerferien, findet ein Spielenachmittag im Schwimmbecken statt – unter anderem mit einer großen Badeinsel.

18

Union-Pier
Am Bahnhof Nordenham
26954 Nordenham

Planetenweg Nordenham-Abbehausen
Vereinigung der Nordenhamer Sternfreunde e.V.
26954 Nordenham
0163 7502739
sternfreunde-nordenham.de/planetenweg.html

LAUFEND SCHLAUER WERDEN

Anleger Union-Pier und der Planetenweg

Jedes Jahr im Oktober dreht sich in Nordenham alles um den Ochsen. Restaurants und Schlachtereien bieten regionale Erzeugnisse an, und die Kaufleute öffnen ihre Türen zum Ochsenmarkt. Das Tier spielt für die Nordenhamer eine große Rolle: Die Engländer kauften die Delikatesse bereits Mitte des 18. Jahrhunderts und sorgten dadurch für einen regen Viehhandel. Warum ich Ihnen das erzähle? Weil die Ochsen auf ihrem Weg zu den britischen Inseln am Union-Pier an Bord gingen!

Heute werden zwar keine Rinder mehr verschifft, aber Sie – wenn Sie möchten: Die Reederei *Hal Över* bietet zwischen Mai und September Touren nach Bremerhaven und Bremen an. Außerdem ist der inzwischen neu gebaute Union-Pier ein schöner Startpunkt für Spaziergänge. Entweder gehen Sie die zirka zwei Kilometer lange Promenade entlang der Weser bis zum kleinen Hafen nach Großensiel. Oder aber Sie gehen zunächst in die gleiche Richtung, biegen jedoch am Jupiter rechts ab. Am Jupiter?

Ganz genau – der Union-Pier ist nämlich gleichzeitig der Startpunkt für den *Planetenweg.* Bei der Tour handelt es sich um ein Modell unseres Sonnensystems im Maßstab eins zu einer Milliarde. Diese Darstellung lässt den Radius des Sonnensystems auf etwa sechs Kilometer schrumpfen. Dadurch kann man die Entfernungen zwischen dem Tagesgestirn und den Planeten erfahrbar machen, fand die Vereinigung der *Nordenhamer Sternfreunde* – und machte sich an die Arbeit. Die Mitglieder entwickelten nicht nur das Konzept, sondern warben auch Sponsoren, sodass die Strecke ohne öffentliche Mittel entstand. Der Weg ist gut ausgeschildert und mit Infotafeln versehen. Auf diesem Weg werden Sie quasi laufend schlauer und lernen das Sonnensystem besser kennen. Los geht's am Union-Pier übrigens beim Zentralgestirn des Planetensystems: der Sonne.

In Großensiel kann man auf Kaffee und Kuchen in die *Weserterrassen* an der Strandallee 10 einkehren. Für die Kinder gibt es nebenan einen Spielplatz.

19

Nordenhamer Wochenmarkt
Marktplatz
26954 Nordenham

Nordenham Marketing & Touristik e.V.
Marktplatz 7
26954 Nordenham
04731 93640
www.nordenham.de

Klönschnack bei Obst und Gemüse

Wochenmarkt auf dem Marktplatz

»Moin!« Wer mit Regina Lindhorst auf dem Wochenmarkt unterwegs ist, bleibt alle paar Minuten stehen. Sie kennt nicht nur jede Ecke des Marktes, sondern gehört quasi selbst zum Inventar. Kein Wunder: Regina Lindhorst ist Marktmeisterin. Ihr Job? »Kleine und manchmal auch etwas größere Probleme lösen«, sagt die Nordenhamerin und winkt einem Gemüsehändler zu.

Der Nordenhamer Markt ist eine Institution. Jeden Dienstag und Freitag bauen Erzeuger aus der Region auf dem Marktplatz in der Nordenhamer Innenstadt ihre Stände auf. Den ganzen Vormittag wechseln verschiedenste Waren den Besitzer: Von Kartoffeln, Blumenkohl, Kopfsalat, Tomaten, Gurken und Eiern über Bananen, Äpfel und Beeren bis zu Filet vom Weiderind – die Auswahl ist groß. Insgesamt 46 Händler bieten ihre Produkte an, unter anderem bringen sie auch Pflanzen, Blumen und Kurzwaren mit. Genau dieses bunte Angebot macht den Markt zu einem Erlebnis. Es riecht nach frisch gebackenem Brot, geräuchertem Fisch und Kräutern. Ein paar Meter weiter lässt sich ein Gast eine Bratwurst vom Grill schmecken und liest Zeitung, eine mobile Kaffeebar sorgt für eine Koffeinstärkung.

Wer den Wochenmarkt besucht, sollte Zeit mitbringen und mit offenen Augen durch die Gänge gehen, findet Regina Lindhorst. »Neulich habe ich geräucherte Garnelen probiert und pechschwarze Seife entdeckt. Toll, oder?« Bevor man zustimmen kann, dreht sie sich um und grüßt einen Kartoffelhändler: »Moin!« Das Allerwichtigste sei jedoch immer noch der Klönschnack. »Hier trifft man immer jemanden, mit dem man kurz reden und die neusten Infos austauschen kann.« Regina Lindhorst winkt kurz zum Abschied und verschwindet dann hinter einem Blumenstand. Sie muss weiter – kleinere und manchmal auch etwas größere Probleme lösen.

Fast genauso viel Spaß wie ein Klönschnack macht es, das bunte Treiben auf dem Marktplatz zu beobachten. Bestellen Sie Kaffee und Kuchen in einem der umliegenden Cafés und legen Sie eine Pause ein!

20

Butjenter Brauhaus
Butjadinger Straße 67–69
26954 Nordenham-
Abbehausen
04731 93880
www.butjadinger-tor.de

FRIESENHÄUPTLING KENNENLERNEN

Butjenter Brauhaus in Abbehausen

Was haben der *Butjenter Zwickel*, das *Moorseer Mühlenweizen* und der *Friesenhäuptling* gemeinsam? Ganz einfach: Bei allen handelt es sich um Biersorten – und es gibt sie nur in der Wesermarsch.

Schon lange, bevor Craft Beer und regionale Produkte plötzlich hip wurden, hatte der Nordenhamer Gastronom Udo Venema den Traum, seinen Hotelbetrieb in Abbehausen um ein Brauhaus zu erweitern. Die Idee: eine gemütliche Gastwirtschaft mit blitzblanken Kupferkesseln, rustikalen Speisen und eigenen Biersorten – gebraut ohne Schnickschnack, aber mit viel Herzblut. Da gute Einfälle manchmal etwas länger brauchen, bis sie ausreifen, nahm auch die Umsetzung mehr Zeit in Anspruch als ursprünglich geplant. Dafür wurde jedoch alles akribisch durchdacht und 2016 mit viel Liebe zum Detail verwirklicht.

Heute bildet ein kleines Sudwerk das Herzstück der gemütlichen Gasthausbrauerei. Ein- bis zweimal die Woche vermischt Braumeister Andreas Christiani Malz mit Wasser zu Maische, extrahiert den Treber und überwacht akribisch die anschließende Gärung im Tank. Acht bis zehn Stunden dauert der Vorgang, rund 1.000 Liter Bier entstehen pro Sud. Während die Hefe im Kupferkessel den Gärprozess ankurbelt und sich der Zucker langsam in Alkohol und Kohlensäure verwandelt, wird auf den Holztischen rund um den Kupferkessel *Butjenter Zwickel* oder *Friesenhäuptling* ausgeschenkt. Wer mag, kann sich zu den Gerichten rustikales Brot bestellen, hergestellt aus dem entstandenen Treber und gebacken von einer örtlichen Bäckerei.

Anders als bei vielen Craft-Beer-Sorten wird im Butjenter Brauhaus nach dem Deutschen Reinheitsgebot gebraut. Denn das war ja Udo Venemas ursprüngliche Idee: eine Gastronomie mit viel Herzblut, aber ohne Schnickschnack.

Sie möchten erleben, wie Bier hergestellt wird? Das Butjenter Brauhaus bietet Besichtigungen an. Rufen Sie im Brauhaus an und erfahren Sie die nächsten Termine.

21

Historisches Kaufhaus
Butjadinger Straße 101
26954 Nordenham-Abbehausen
0173 2358265
www.historisches-kaufhaus-abbehausen.de

Eine Zeitreise unternehmen

Historisches Kaufhaus in Abbehausen

Ein Drogerieschrank von 1915, ein Tannenbaumständer, der Musik macht, und ein abgegriffenes Anschreibbuch aus dem Jahr 1880 – das Historische Kaufhaus ist eine Schatztruhe und schickt die Besucher auf eine Zeitreise durch die regionale Kaufmannsgeschichte. Das Außergewöhnliche: Man kann auch heute noch einkaufen!

Aber der Reihe nach. Im Mai 1853 gründete Johann Hermann Büsing im ehemaligen Posthaltergebäude eine Gemischtwarenhandlung. Nach einer Geschäftsübernahme 1897 wurde das heutige Gebäude errichtet. Das Kaufhaus entwickelte sich weiter, alle Inhaber verkauften über die Zeit nicht nur Haushaltswaren an ihre Kunden, sondern sammelten und bewahrten auch Gegenstände, Rechnungen, Kassenbücher und viele private Aufzeichnungen. Heute ist Tanja Schiller Eigentümerin des denkmalgeschützten Gebäudes, das aus zwei Bereichen besteht: dem Ladengeschäft, in dem ihre Schwägerin Susanne Schiller Haushaltswaren, Wolle und Bastelartikel verkauft, und der Ausstellung, die man sich nach Voranmeldung anschauen kann. Im Museum gibt es einiges zu entdecken: historische Küchengeräte wie Kaffeemühlen, Wiegen und Messer genauso wie bunte Schaupackungen aus verschiedenen Jahrzehnten. Skurril: Zu fast jedem Gegenstand existiert noch eine Rechnung – fein säuberlich abgelegt in einem der vielen Papierkartons, die sich bis unter die Dachbalken stapeln. Auch Quittungen, Lieferscheine und alte Kataloge schlagen einen Bogen in die Vergangenheit.

Die Sammlung ist spannend, weil sie so vielfältig ist. Nicht nur Plakate, Emailleschilder und ein Kurbeltelefon kann man sich anschauen, sondern auch Gusseisenöfen. Sie wurden allerdings längst in den Ruhestand geschickt: Der Ofen, der heute im Kontor für wohlige Wärme sorgt, ist deutlich jünger – und besitzt selbstverständlich eine aktuelle Zulassung.

Das Ladengeschäft ist nur an bestimmten Tagen geöffnet. Die historische Ausstellung kann man nach Voranmeldung besichtigen. Werfen Sie einen Blick auf die Website!

22

Museum Moorseer Mühle
Butjadinger Straße 132
26954 Nordenham
04731 88983
www.museum-moorseer-muehle.de

MIT EINEM MÜLLER GETREIDE MAHLEN

Museum Moorseer Mühle

Vorsichtig wird das Blech aus dem heißen Ofen gezogen, der Duft von frisch gebackenem Brot zieht durch den Raum. Früher haben Landwirte in der Backstube des Museums Moorseer Mühle ihr geerntetes Korn gegen ein deftiges Schwarzbrot getauscht. Heute erfahren die Besucher von ehrenamtlichen Müllern, wie Getreide gemahlen wird, und können an den Mitmachtagen selbst zu Mehl und Nudelholz greifen.

Die Moorseer Mühle ist schon von außen eine imposante Erscheinung. Ganze 15 Tonnen wiegt die pechschwarze Kappe des Galerieholländers. Dennoch ist sie beweglich; eine doppelte rot-blaue Windrose schiebt sie automatisch in den Wind. So werden die 22 Meter langen Flügel immer optimal gestellt, und die Mühle kann ihre maximale Leistung von 60 PS erreichen. Bis 1977 war sie in Betrieb, dann wurde sie in den Ruhestand geschickt.

Noch heute ist das denkmalgeschützte Bauwerk voll funktionsfähig. Über schmale, steile Holztreppen nehmen die Müller die Besucher während der Saison jeden Freitag mit auf eine Entdeckungsreise. Während außen der Wind gegen die Flügel drückt, setzt sich innen ächzend der Mahlstein in Bewegung. Durch eine kleine Öffnung wird Getreide über einen Trichter eingefüllt und gleichmäßig zu Schrot und feinem Mehl zerrieben. Sogar einen Getreide-Elevator gibt es – einen Aufzug, der das Korn nach oben zum Mahlen transportiert.

Wer tiefer in die Geschichte eintauchen möchte, kann sich nebenan im Museumsgebäude die Dauerausstellung anschauen. Zu sehen ist unter anderem die Originalwerkstatt von Hermann Schwarting, der die Mühle nach einem Brand 1904 wiedererrichtete. Dem Mühlenbauer ist es zu verdanken, dass sich die Flügel immer noch drehen und der traditionelle Gruß auch heute noch passt: »Glück zu«!

Sie wollen sich lieber nicht selbst die Schürze umbinden und Teig kneten? Macht nichts: Im schönen Café neben der Mühle gibt es Kaffee und Teespezialitäten sowie leckere selbst gebackene Torten und Kuchen.

23

Hof Butendiek
Reitlander Straße 1
26937 Seefeld
04734 218
www.hof-butendiek.de

DARF'S EIN STÜCK MEHR SEIN?

Hof Butendiek in Seefeld

In Seefeld, rund einen Kilometer vom Deich entfernt, befindet sich Hof Butendiek. Der landwirtschaftliche Betrieb mit eigener Käserei lässt seine 180 Milchkühe auf rund 200 Hektar Wiesen grasen. Zur Käseherstellung verwendet man ausschließlich die Milch der eigenen Herde.

»Den Sommer verbringen unsere Tiere Tag und Nacht auf den Weiden. Bereits im März bei den ersten Sonnenstrahlen bringen wir sie tagsüber raus«, erzählt Maike Cornelius-Bruns. Gemeinsam mit ihrem Mann, Jürgen Bruns, hat sie den Betrieb aufgebaut. »Viel Veränderung und großes Glück: Die Kinder sind in den vergangenen Jahren mit eingestiegen.« Ihre Erzeugnisse werden mittlerweile in ganz Deutschland verkauft, aber natürlich auch im eigenen Hofladen. Den zu besuchen lohnt sich, bietet doch das idyllisch gelegene Gelände eine erholsame Pause inmitten von Nutz- und Haustieren.

Die Käseherstellung ist in Seefeld noch Handarbeit: Die warme Rohmilch wird mit Milchsäurebakterien angesäuert und mit Lab dickgelegt. Nach dem Abschöpfen der Molke wird der Käsebruch mit verschiedenen Zutaten je nach Geschmacksrichtung gewürzt und in Form gepresst. Nun muss der Laib ruhen – drei Tage im Meersalzbad. »Unser junger Käse reift zwischen vier und acht Wochen. Dabei muss die Temperatur immer zwischen zehn und zwölf Grad liegen«, erklärt die Betreiberin von Hof Butendiek. Jeder Käse wird mit einem schönen Etikett versehen. Diese wurden in Eigenkreation entworfen und selbst gemalt. So sind Leidenschaft und Arbeit glücklich kombiniert. Neben Schnittkäse wird auch Frischkäse, Quark und Joghurt hergestellt.

Genießen Sie einen Spaziergang über den Hof, schauen Sie beim Melken zu und finden Sie Ruhe auf den Pausenplätzen am Spielplatz.

24

Kulturzentrum Seefelder Mühle
Hauptstraße 1
26937 Seefeld
04734 1236
www.seefelder-muehle.de

ALT SCHAFFT RAUM FÜR NEUES

Kulturzentrum Seefelder Mühle

Etwa 120 Mühlen prägten früher die Landschaft der Wesermarsch. Immer mehr verschwanden von der Bildfläche, heute sind nur noch zwei erhalten: die Moorseer und die Seefelder Mühle. Letztere steht unter Denkmalschutz, wurde mehrfach restauriert und ist voll funktionsfähig.

Ehrenamtliche Müller lassen, wenn der Wind es zulässt, die Flügel drehen und erklären den Gästen, wie genau Haferquetsche, Flügelwelle und Saatgutreinigung funktionieren. Außerdem ist die Seefelder Mühle ein glänzendes Beispiel dafür, wie man Geschichte lebendig hält und gleichzeitig Raum für Neues schafft. Der Verein *Kulturzentrum Seefelder Mühle* erhält das Denkmal mit guten Ideen und unterschiedlichen Veranstaltungen.

Herzstück ist das Café, das Kaffee, Tee und leckere Kuchen sowie kleine Mittagsgerichte anbietet. Ausgesprochen schön ist es an diesem Platz im Sommer, wenn man Speisen und Getränke im Garten unter grünen Sonnenschirmen mit Blick auf die Mühlenflügel genießen kann – die perfekte Pause während einer Radtour durch die Wesermarsch. Nach einer Stärkung ist ein Besuch im Mühlenladen ein Muss: Dort werden unter anderem Seife aus Schafsmilch, originelle Postkarten mit Küstenmotiven, Honig, Marmeladen und der Küstenschnaps *Butjenter Wumken* verkauft. Die Produkte wurden sorgfältig ausgewählt und kommen alle aus der Region.

Längst bietet der Verein nicht nur Führungen durch die Mühle an, sondern auch Kabarett, Kino, Konzerte und Workshops. Dabei nimmt er auch aktuelle Trends auf, etwa beim Projekt *Gutes Morgen, Stadland! – Bloggen für die Nachhaltigkeit* oder beim Aktionstag *Upcycling*, in dem Altes repariert und neu aufgearbeitet wird. Eine schöne Kombination: In dem historischen Bau entstehen frische Ideen für eine lebenswerte Zukunft!

Schauen Sie am ersten Sonntag im Monat vorbei! Dann findet rund um die Mühle der Landfrauenmarkt statt – die schönste Art, regionale Produkte einzukaufen.

25

Schwimmendes Moor Sehestedt
Bäderstraße 192
26349 Jade
www.nationalpark-wattenmeer.de

Jade Touristik
Bäderstraße 2
26349 Jade
04455 1458
www.ruhigundgemuetlich.de

DAS MOOR HAT VIELE GESICHTER

Schwimmendes Moor Sehestedt

Wenn man ans Moor denkt, wird einem ein bisschen mulmig. Früher hieß es immer: »Pass gut auf, damit du nicht darin versinkst!« Doch das Schwimmende Moor in Sehestedt weckt andere Assoziationen. Diese unendliche Weite mit Aussicht auf den Jadebusen vertreibt besonders bei Kaiserwetter die letzten trüben Gedanken.

Einen guten Überblick kann man sich verschaffen, wenn man den westlich gelegenen Deich erklimmt. Bei gutem Wetter überschaut man die gesamten rund zehn Hektar des noch verbliebenen Sehestedter Außendeichmoores. »Der gesamte Jadebusen war früher ein Moor, das die Sturmfluten nach und nach herausgerissen haben – das Schwimmende Moor ist als letzter Rest ein spannender geologischer Zeitzeuge«, erklärt Rangerin Susanne Koschel. Spätestens jetzt sollte einem bewusst werden: Ich stehe vor einem Naturphänomen, das einzigartig auf der Welt ist. Doch wann schwimmt Moor? Damit die mehr als drei Meter dicke Insel überhaupt in Bewegung kommt, muss schon eine starke Sturmflut mit mehr als 170 Zentimeter über dem Mitteltidehochwasser auflaufen. Das passiert zum Glück selten, denn immer wenn das Fleckchen Erde zu schwimmen beginnt, brechen einzelne Stücke ab. Die Folge: Das Sumpfland wird über die Jahrhunderte immer kleiner und eines Tages komplett verschwinden.

Um die Moorlandschaft einmal zu umrunden, bietet sich ein Spaziergang auf dem Salzwiesenerlebnispfad an. Mit oder ohne Führung wandert man entlang des Wattenmeeres und des Deiches durch die Salzwiesen. Hier wird deutlich, wie gut die beiden unterschiedlichen Ökosysteme nebeneinander funktionieren: Zum einen die von Meereswasser geprägten Grünflächen und das Watt und zum anderen das Süßwassersystem des Moores. Dank dieser Symbiose kann man eine bunte Vielfalt an Pflanzen und Tieren aus nächster Nähe beobachten.

Eine Ausstellung über das Moor kann man sich in den Sommermonaten bei der Nationalpark-Erlebnisstation NEST am Strandbad in Sehestedt ansehen. Des Weiteren werden ab dort auch Führungen angeboten.

26

Milchtankstelle Hof von Deetzen
Bäderstraße 96
26349 Jade-
Norderschweiburg
04455 321

Cremiger Genuss zu jeder Zeit

Milchtankstelle Hof von Deetzen in Norderschweiburg

Rund 4,2 Millionen Milchkühe sind in Deutschland zu Hause, 150 von ihnen leben in Norderschweiburg auf dem Hof der Familie von Deetzen. Im Schnitt gibt ein Tier zwischen 40 und 60 Liter Milch pro Tag. Einen Teil davon bieten Carina und Nils von Deetzen an ihrer Milchtankstelle an. In einem kleinen Holzhäuschen, dessen Flügeltüren weit geöffnet sind, steht der Automat. Dieser ist 24 Stunden und sieben Tage die Woche im Einsatz.

»Bei uns kann man sich zu jeder Tages- und Nachtzeit die frische Milch unserer hofeigenen Kühe abzapfen«, erzählt die junge Landwirtin und Hauswirtschaftsmeisterin. Einen Euro kostet der Liter, wer kein Gefäß dabei hat, kann eine Glasflasche dazukaufen. »Die Auflagen der Veterinär- und Lebensmittelaufsicht sind streng. Wir kontrollieren regelmäßig die Temperatur der Milch und protokollieren die Reinigung des Automaten«, sagt Nils von Deetzen, der den Hof gemeinsam mit seinen Eltern und einem Angestellten führt. Abgefüllt wird übrigens Rohmilch. Diese ist für manchen eine Köstlichkeit, aber längst nicht für jeden empfindlichen Magen geeignet. Deshalb wird auf einem Schild darauf hingewiesen, dass man diese vor dem Verzehr abkochen sollte. »Rohmilch ist weitaus cremiger. Kein Wunder, sie hat bis zu 4,4 Prozent Fett«, erklärt der Landwirtschaftsmeister und lächelt. Er hingegen ist damit aufgewachsen und verzehrt diese pur.

Der Hof ist familiär geführt, und man freut sich über Besucher. Sobald man auf das Gelände fährt, steht Labrador Rudi freundlich mit dem Schwanz wedelnd vor einem. Nach einer ausreichenden Portion Streicheleinheiten kann man in Ruhe seine Milch zapfen und – wenn ein Familienmitglied Zeit hat – sich den Hof zeigen lassen. »Wir betreiben zusätzlich eine Rinderzucht. Vor allem Kinder freuen sich, wenn sie die Kälber besuchen dürfen.«

Achten Sie auf das blaue Schild mit der Aufschrift »Milchtankstelle«. Es weist den Weg zum Hof. Dort bekommt man auch frische Eier sowie selbst gemachte Marmeladen und Liköre.

27

Kaskade – Infohaus Wasser
Bäderstraße 2
26349 Jade-Diekmannshausen
04455 911912
www.oowv.de

Eintauchen in die Wasserwelt

Museum Kaskade in Diekmannshausen

Tee kochen, Wäsche waschen oder die erfrischende Dusche am Morgen – rund 123 Liter Trinkwasser verbraucht ein Bundesbürger im Schnitt täglich. Sobald wir den Hahn aufdrehen, sprudelt das kühle Nass ununterbrochen aus der Leitung. Doch das war nicht immer so. Noch zu Beginn des letzten Jahrhunderts musste man sich Wasser aus nahe gelegenen Brunnen oder Gräben holen. Mit einem Tragejoch wurde das zentnerschwere Naturgut für Mensch und Tier oftmals über weite Strecken transportiert.

Diese historische Tragehilfe und weitere Exponate kann man sich im Kellergeschoss des Museums Kaskade in Diekmannshausen ansehen. Das *Infohaus Wasser* lädt zu einer spannenden und interaktiven Zeitreise ein: Auf dieser erfährt man, wie sich die hiesige Trinkwasserversorgung zwischen Weser und Ems im Laufe der Jahrhunderte verändert hat und bekommt jede Menge Zusatzinformationen über das blaue Gold.

Das Speicherpumpwerk in Jade ist das älteste Gebäude des 1948 gegründeten *Oldenburgisch-Ostfriesischen Wasserverbands* (OOWV) und mittlerweile einer von drei zertifizierten Lernstandorten. Dieser Bau bildet quasi die Quelle der professionellen Aufbereitung von Trinkwasser in der Region. Mittlerweile ist die Kaskade in erster Linie eine spannende Wissenswelt. Im Mittelpunkt steht die Ausstellung *Trinkwasserversorgung gestern – heute – morgen*. Sie richtet das Augenmerk sowohl auf die regionale als auf die globale Situation. Auf mehr als 1.000 Quadratmetern Ausstellungsfläche erfährt man alles über die Bedeutung des Trinkwassers für die Menschen an der Küste, das nasse Element, den Klimawandel und den Wasserschutz. Die Ausstellung lädt nicht nur zum Mitmachen und Ausprobieren ein, sondern ist auch ein spannendes Informationserlebnis, zum Beispiel durch die Zeitzeugeninterviews aus der Region.

Mitmachstationen zählen zu den Höhepunkten des Museums. In einem Trinkwasserlabor können beispielsweise aktuelle Proben und Analysen aus dem gesamten OOWV-Gebiet eingesehen werden.

28

Kanuverleih Jade
Bundesstraße 145
26349 Jade-Wapelersiel
04451 9611237
www.kanu-jade.de

VOM WASSER AUS ENTDECKEN

Kanuverleih Jade in Wapelersiel

»Platsch« – das Paddel taucht ins Wasser und schiebt das signalrote Kanu sanft über den dunkelblauen Fluss, vorbei an Seerosen und Schilf, das leise im Wind raschelt. An Land grasen Kühe, ein Bauer dreht eine Runde auf seinem Trecker. Gerade noch rechtzeitig ziehe ich den Kopf ein und weiche dichten Zweigen aus, die weit übers Ufer über das Wasser ragen.

Die Wesermarsch auf der Jade zu entdecken, ist ein außergewöhnliches Erlebnis. Sobald man mit dem Kanu die erste Flussbiegung hinter sich lässt, wirkt alles sehr weit weg. Keine Autos, keine Termine, keine Hektik. Stattdessen gleitet man lautlos dahin; Wiesen, Felder und Weiden ziehen vorüber. Das Schöne: Die Jade ist ein ruhiges Gewässer, das auch für Anfänger geeignet ist – also für Leute wie mich, die einige Zeit später wieder am Bootssteg von Andrea und Ulli Rausch ankommen und mit etwas wackeligen Knien wenig elegant aus dem Kanu krabbeln.

Der Endpunkt ist auch gleichzeitig Start der Touren: Von Wapelersiel aus geht es etwa drei Kilometer ins Landesinnere, wo die Wapel in die Jade mündet. Wer nun auf der Jade weiterpaddelt, kommt an einen idyllisch gelegenen Platz mit Tischen und Bänken – die perfekte Kulisse für eine ausgedehnte Pause. Die Distanz vom Start bis zum Zwischenstopp beträgt etwa vier Kilometer, die Stecke legt man mit dem Kanu in etwa einer Stunde zurück. Wer mag, kann natürlich auch ohne Rast weiterfahren, insgesamt ganze 22 Kilometer in eine Richtung. »Einige Paddler machen das auch«, verrät Andrea Rausch, als sie mein rotes Kanu wieder an Land zieht und es mit einer Gießkanne von Entengrütze befreit.

Übrigens: Die Route ist mit Geo-Caching-Punkten versehen und damit Teil einer digitalen Schnitzeljagd. Vielleicht finden Sie ja auch einen der kleinen Schätze, die jemand anderes versteckt hat?

Paddeln macht hungrig: Bringen Sie Ihr Picknick mit! Die Pausenstelle ist schön, gerade weil sie mitten in der Natur liegt und es dort keinen Kiosk gibt. Und an sonnigen Tagen Kopfbedeckung und Sonnenmilch nicht vergessen!

29

Jaderpark
Tiergartenstraße 69
26349 Jade-Jaderberg
04454 91130
www.jaderpark.de

VERGNÜGEN PUR

Jaderpark in Jaderberg

Warum besucht man einen Tier- und Freizeitpark? Na klar, um sich exotische Lebewesen aus fernen Ländern anzugucken! Im Jaderpark kann man Löwen, Giraffen und Steppenzebras genauso bestaunen wie die (ziemlich lauten!) Siamangaffen oder kleine Erdmännchen, die so knuffig aussehen, dass man sie am liebsten unauffällig aus dem Park schmuggeln möchte. Insgesamt 600 Tiere leben auf dem Areal im Freien sowie in Tropen- und Warmhäusern. Wer wissen möchte, ob das Fell der weißen Alpakas weich oder struppig ist, kann im Streichelgehege ausprobieren, wie zutraulich die Kamelart aus Südamerika ist.

Das Herzstück auf dem Gelände, auf dem man mit Kindern locker einen ganzen Tag verbringen kann, ist jedoch der Freizeitpark mit Sport- und Klettergeräten, vielen Fahrgeschäften und Karussells. Am Schönsten – und auch am aufwendigsten gestaltet – ist die Erlebniswelt *Grizzly Adventure*. In ihr taucht man ein in die Goldgräberzeit ab 1895 am nordamerikanischen Klondike-Fluss. Komplett aus Holz und mit Liebe zum Detail gebaut, sind alle Elemente der Minenanlage bekletterbar: Vom rund 16 Meter hohen Förderturm über wackelige Stege bis hin zum Hindernisparcours. Kinder können feines Gold schürfen mit Blick auf die Holzbude der *Klondike News*, geheime Gänge entdecken und vorbei an Kisten und Fässern auf Leitern und Brücken zwischen den Elementen hin- und herkraxeln.

Besonders im Sommer ist bei dem Nachwuchs die angrenzende Hafenanlage *Grizzly Bay* mit Flößen zum Selbststaken und Wasserkanonen angesagt. Für die kleinsten Goldsucher gibt es einen Flachwasserbereich. Wer es bis hierhin geschafft hat, trocken zu bleiben: herzlichen Glückwunsch! Spätestens bei der Schlauchbootrutsche *Rocky Rafting* wird es damit jedoch wohl vorbei sein, und man sollte sich auf eine kleine Dusche einstellen.

Typisch norddeutsches Schietwetter? Macht nichts, im Park gibt es eine überdachte Spielscheune mit Spiel- und Klettergeräten, einem Tiefseilgarten und einem Labyrinth.

30

Baumkronenturm Bollenhagener Moorwald
Am Bollwerk Jade
Middelreeg 2
26349 Jade-Mentzhausen

Parkplatz Middelreeg:
53.326224 N – 8.301571 E

HOCH HINAUS INS GRÜNE

Baumkronenturm Bollenhagen in Mentzhausen

In luftiger Höhe zwischen Baumkronen über die Landschaft blicken – das kann man seit November 2014 im Bollenhagener Moorwald. Der sogenannte Baumkronenturm ragt keck aus dem Wäldchen am *BollWerk* empor, einem alten zur Erkundungsstation umgebauten Bauwagen. Interessierte können sich dort über das Renaturierungsprojekt des größten Waldgebietes in der Wesermarsch informieren.

Wirklich schwindelfrei muss man für den Aufstieg nicht sein, denn die stabilen Treppenaufgänge aus Stahl führen einen sicher bis zu der jeweils nächsten Aussichtsplattform. Allein architektonisch betrachtet ist der Turm sehenswert. Insgesamt vier Ebenen gibt es. Den ersten Stopp kann man bei einer Höhe von 5,30 Metern einlegen, auf der der erste Seitenarm des Baus herausragt. Nur eine Treppe weiter befindet sich der längste Ausguck mit fünf Metern, auf dem man das Gefühl hat, direkt im Blätterwald zu stehen. Der Ausläufer ragt nahezu in den rund 150 Jahre alten Baumbestand rein. Zum Greifen nah sind die Blätter, man hört jedes Rascheln des Windes. Aus verschiedenen Blickrichtungen lassen sich die umliegenden Eichenkronen und die weitläufige Landschaft erleben. Auf Infotafeln findet man zudem Wissenswertes über die heimische Stileiche und den Moorwald.

Die beiden oberen Plattformen bieten eine wunderschöne Rundumsicht über das Gelände mit seinem Eichen-Birken-Bestand und die Aufforstungsflächen. Die erste überdachte Aussichtsebene befindet sich in neun Metern Höhe. Selbst bei Regen kann man hier geschützt dem sanften Wiegen der Zweige zusehen und den Geräuschen des Waldes lauschen. Mit 11,50 Metern luftiger Höhe erreicht man letztendlich die oberste Plattform. Selbst bei schönem Wetter pfeift einem der Wind um die Ohren, und es ist erfrischend kühl.

Können Sie alle Vogelstimmen unterscheiden? Falls nicht, lohnt sich ein längerer Stopp am *BollWerk*. Dort kann man das Bestimmen der unterschiedlichen Vogellaute üben.

31

Heilpflanzenlehrpfad Ovelgönne
Harlinghauser Weg 30
(Birkenplatz)
26939 Ovelgönne-Rüdershausen

Touristikverein Ovelgönne und Umgebung e.V.
Rathausstraße 14
26939 Ovelgönne
04480 820
www.touristik-ovelgönne.de

Die Hausapotheke der Wesermarsch

Heilpflanzenlehrpfad in Rüdershausen

2004 war sie Heilpflanze des Jahres, und die botanische Bezeichnung lautet »Achillea millefolium« – die Schafgarbe mit ihren zarten weißen oder leicht rosafarbenen Blüten und den fein gefiederten Blättern findet man in der Wesermarsch häufig am Wegesrand. Besonders Schafe lieben diesen Gesundmacher, was ihr den landläufigen Namen einbrachte. Das Kraut, das eng mit der Kamille verwandt ist, hat es wirklich in sich. Es lindert Magen-Darm-Krämpfe und Frauenleiden, zudem wirkt es blutstillend. Diese praktischen Informationen zum Einsatz von heimischen Kräutern erfährt man auf dem Lehrpfad in Ovelgönne-Rüdershausen.

Mehr als 20 verschiedene Heilpflanzen und fünf Baumarten warten darauf, während des Spaziergangs entdeckt zu werden. Man kommt schnell ins Staunen, was die regionale Flora alles zu bieten hat. 16 Schautafeln informieren über die einzelnen Heilpflanzen, teilweise sogar mit Rezeptvorschlägen. Zusätzlich erfährt man, von welchen Gewächsen man besser die Finger lassen sollte.

Wussten Sie zum Beispiel, dass Gundermann bei Erkältung hilft? Die würzige Rankenpflanze sticht durch ihre kleinen violetten Blüten sofort ins Auge und wächst oftmals in Vorgärten der Region. Zudem ist sie bei den Bienen sehr beliebt. Die herzförmigen Blätter sind reich an Vitamin C, Kalium und Kieselsäure. Als Bierwürze wurde das herbe Kraut bis ins 17. Jahrhundert genutzt.

Der Heilpflanzenlehrpfad lässt sich bequem alleine erwandern. Wer gerne noch tiefer gehende Informationen über Brennnessel, Vogelbeere und Co. sowie ihren heilkundlichen Einsatz erfahren möchte, kann an einer Führung teilnehmen. Die Termine kann man telefonisch beim Touristikverein erfragen.

Parken Sie beim Birkenplatz in Rüdershausen. Dort startet der Rundweg, und Sie haben die Wahl, ob Sie die kürzere Route von zwei oder die längere von drei Kilometern erwandern.

32

Handwerksmuseum
Breite Straße 27
26939 Ovelgönne
04401 81955
www.handwerksmuseum-ovelgoenne.de

WER WILL FLEISSIGE HANDWERKER SEHN?

Handwerksmuseum

»Helmitol«, »Lithium Salicyl«, »Med. Kohle« … Die Namen der einstigen Inhalte der braunen Glasflaschen sind gut lesbar. Diese gehören neben Mörsern, Tiegeln und einem Kräuterbuch zur Ausstattung, die in der Burgapotheke in Ovelgönne von 1677 bis 2013 genutzt wurde. Viele solcher originalen Arbeitsmittel aus verschiedensten Gewerben befinden sich im Handwerksmuseum.

Die Ausstellung wurde in einem 1773 errichteten Oldenburger Giebelhaus untergebracht. Als Besucher unternimmt man in dem denkmalgeschützten Gebäude eine Zeitreise und lernt Berufe kennen, die es teilweise nicht mehr gibt. Oder kennen Sie Weißwäschenäherinnen und Stellmacher? Man spaziert durch einen Friseursalon und möchte in den antiquarischen Sesseln am liebsten Platz nehmen. Der Kolonialwarenladen, der sich im Untergeschoss vor der Apotheke befindet, verfügt über ein Telefon mit Wählscheibe, das Kinder gerne mal ausprobieren dürfen. Man wandert sinnbildlich durch einen historischen Ortskern: von Raum zu Raum, von Metier zu Metier. Auch der Wandel im Handwerk wird vermittelt, und man kann Gesellen- sowie Meisterstücke bewundern. Außerdem gibt es mehrere Spielstationen: Kinder können Bäckerzöpfe flechten, mit dem Schneiderradel Schnittmuster durchpausen oder unter Anleitung am Bänder-Webstuhl weben.

Das Museum wurde 1981 gegründet, befindet sich in privater Trägerschaft des Heimat- und Kulturvereins Ovelgönne e.V. und vermittelt auch heimatkundliches Wissen. Neben der umfangreichen Dauerausstellung gestaltet Leiterin Susanne Schlechter wechselnde Sonderschauen, die sich detailliert mit einem Thema beschäftigen. Sehenswert ist zudem die Museumsschmiede. Sie ist Ausstellungsraum und Werkstatt zugleich. »Manchmal finden Vorführungen und Kurse mit Kunstschmieden statt. Im letzten Ferienprogramm haben Kinder Kerzenständer aus Eisen geschmiedet«, erzählt Susanne Schlechter.

Das Museum öffnet seine Pforten zu ausgewählten Zeiten. Besuche und Führungen sind nach Absprachen immer möglich. Schauen Sie auf der Website vorbei!

33

Bronzezeithaus
(Ostern–Oktober)
Hartwarderwurp
26935 Stadland

Förderverein Bronzezeithaus Hahnenknoop e.V.
Am Markt 1
26935 Stadland
04732 8989
www.bronzezeithaus.de

REISE IN LÄNGST VERGESSENE ZEITEN

Bronzezeithaus Hahnenknoop

Die ausgefeilte Verarbeitung von Metallen, eine deutliche Ausweitung der Handelsnetze und eine stärkere Hierarchisierung – die Bronzezeit war in Mitteleuropa eine Epoche des Umbruchs. Einen anschaulichen Einblick in diese Ära bietet das Bronzezeithaus Hahnenknoop. Der originalgetreue Nachbau eines bei Rodenkirchen ausgegrabenen Bauernhauses aus der Zeit um 900 v. Chr. entführt den Besucher in eine Welt fern von jeglichem Komfort und moderner Technik.

Gemeinsam mit einem Gästeführer begeht man das 5.000 Quadratmeter große Gelände. Unmittelbar bekommt man ein Gefühl dafür, wie die ersten Siedler im Marschgebiet den Kampf mit den unberechenbaren Gezeiten aufnahmen, sich den regelmäßigen Stürmen und Wetterkapriolen stellten und auf einem höher gelegenen Uferwall ihre Häuser bauten. Man erfährt vieles über den damaligen Alltag und darüber, wie Heim und Hof bewirtschaftet wurden. Da das Bronzezeithaus Lernstandort ist, bieten die Gästeführer auch diverse Mitmachaktionen an. So wird zum Beispiel bronzezeitlicher Eintopf gekocht, Getreidekörner zu Mehl gemahlen, der Einsatz der steinzeitlichen Sperrschleuder oder von Pfeil und Bogen probiert, getöpfert, Schmuckstücke aus Kupferdraht und Speckstein gefertigt oder Armbänder aus Schafwolle gewoben.

1971 wurde die älteste Marschensiedlung an der deutschen Nordseeküste entdeckt. Von 1996 bis 2001 legte das *Niedersächsische Institut für historische Küstenforschung* das Haupthaus komplett frei, der für die Öffentlichkeit zugängliche Nachbau erfolgte 2005. Jedes Jahr im September findet ein Herbst- und Staudenmarkt statt. Handwerker zeigen historische Handwerkskunst, und der Förderverein des Bronzezeithauses kocht bronzezeitlichen Eintopf.

Geöffnet ist das Bronzezeithaus im Sommer an Sonn- und Feiertagen. Führungstermine für Gruppen können auch an anderen Tagen vereinbart werden.

34

St-Matthäus-Kirche
Schulstraße 5
26935 Stadland
Gemeindebüro:
04732 8393
www.kirche-rodenkirchen.de

KUNSTVOLLES BAUWERK

St.-Matthäus-Kirche Rodenkirchen

Die St.-Matthäus-Kirche ist aus zwei Gründen ein etwas ungewöhnliches evangelisches Gotteshaus. Zum einen ist das Gebäude ein kreuzförmiger Saalbau mit flacher Balkendecke, es wurde also ohne einen Turm errichtet. Zum anderen fällt die reichhaltige schmuckvolle Ausstattung auf. Die ersten Elemente der Kirche wurden schon um 1200 erbaut, in den folgenden Jahrhunderten wurde sie immer wieder erweitert und verändert.

Betritt man den Innenraum, fällt der Blick zuerst auf die Orgel. Mit 21 Registern auf zwei Manualen und Pedal ist das Instrument nicht nur optisch, sondern auch akustisch imposant. Herzstück des Gotteshauses ist jedoch der aufwändig geschnitzte Altar am anderen Ende des Kirchenschiffes. Gefertigt hat ihn der Star unter den norddeutschen Bildhauern des 17. Jahrhunderts: Ludwig Münstermann. Zu sehen sind auf dem 5,90 Meter hohen Altaraufsatz die wesentlichsten Aussagen der Bibel – mit filigranen Figuren, sorgfältig herausgearbeiteten Formen und bunten Verzierungen. Für eine perfekte Beleuchtung der Szenen sorgen hohe Fenster links und rechts und sogar hinter dem Altar.

Auch die Kanzel und den Taufstein hat Ludwig Münstermann gestaltet. Den prominentesten Platz nimmt natürlich die Kanzel ein – sie ist von allen Ecken im Kirchenraum aus zu sehen. Den Taufstein, der noch aus der vorreformatorischen Zeit stammt, gestaltete Ludwig Münstermann 1630 um und fertigte dafür auch einen verzierten Deckel. Nachdem beide Teile im 19. Jahrhundert verkauft wurden, waren sie zunächst viele Jahrzehnte verschollen. Das Taufbecken wurde schließlich Mitte des 20. Jahrhunderts wiedergefunden und auf seinen alten Platz in der Kirche aufgestellt. Und der Deckel? Der ist bisher noch nicht wieder aufgetaucht …

Von der Gemeinde werden Kirchenführungen angeboten. Anmelden dafür kann man sich beim Gemeindebüro.

35

Dielenschiff Hanni
(Mai–September)
Wassersportverein
Niederweser e.V.
Abser Hafen
26935 Stadland
www.dielenschiff-hanni.de

Anmeldung:
Bürger- und Touristik-information Stadland
Am Markt 1
26935 Stadland
04732 8989
www.stadland.de

AUF ZU ENTLEGENEN PLÄTZEN

Dielenschiff Hanni in Absersiel

48 Quadratmeter Segelfläche und ein 25 PS starker Dieselmotor sorgen fürs Vorankommen. Wer mit der *Hanni* unterwegs ist, lernt die Wesermarsch von einer anderen Seite kennen. In aller Ruhe schippert man mit dem historischen Nachbau eines Dielenschiffes vom Hafen in Absersiel gen Strohauser Plate, nach Bremerhaven oder nach Brake.

Dank des geringen Tiefgangs kommt man mit dem sogenannten Butterschiff auch in flacheren Gewässern bequem ans Ziel. Die Gefahr, auf Grund zu laufen, besteht nicht, und so kann man Fahrten zu den entlegensten Naturschönheiten der Wesermarsch unternehmen. Zum Beispiel zur Strohauser Plate. Die Weserinsel ist eines der bedeutendsten Vogelbrutgebiete Europas und steht unter Naturschutz.

»Gesteuert wird mit einer Pinne, die aus rustikalem Holz geschnitzt ist«, erklärt Ute Nordhausen von der Touristeninformation Stadland. Das passt gut zum Äußeren des Schiffes, denn das wurde aus Kambala gefertigt, dem Holz einer afrikanischen Buscheiche.

Die Dielenschiffe waren im 19. Jahrhundert auf den Sielen und auf der Weser unterwegs. Während die meisten anderen Schiffe wegen ihres Tiefgangs kaum weiter als bis nach Brake kamen, belieferten sie abgelegene Bauernhöfe und vor allem die Hansestadt Bremen mit Lebensmitteln und Alltagswaren. Die Bremer erhielten auf diesem Weg regionale Produkte wie Pökelfleisch, Sauerkraut und frischen Fisch. Letzterer wurde in der sogenannten Bünn transportiert – in diesem Kasten befindet sich bei der *Hanni* heute der Motor. Knapp 300 Butterschiffe waren damals im Einsatz. Ihre klappbaren Masten waren eine Besonderheit, die viele Vorteile mit sich brachte.

Fahren kann man mit der *Hanni* von Mai bis September. Einfach an den Steg stellen geht nicht: Eine Anmeldung ist ein Muss. Äußerst beliebt ist die Schinkentour: Wie einst die Butterschiffer fährt man auf der Weser bei Schinken und Schluck.

36

Centraltheater Brake
Hafenstraße 1a
26919 Brake
04401 8295035
www.centraltheaterbrake.de

DER DUFT VON POPCORN

Kino Centraltheater Brake

Mit dem Centraltheater Brake verbindet mich eine besondere Beziehung. In dem alten Servicekino, das zwischen Hafenstraße und Mitteldeichstraße in Brake gelegen ist, habe ich zum Ende der Schulzeit Eintrittskarten verkauft. Damit bin ich in die Fußstapfen meiner Großmutter getreten, die als junge Frau in dem 1912 eröffneten Lichtspielhaus als Platzanweiserin ihr erstes Geld verdiente. Meine Liebe zum Kino ist geblieben, und umso mehr freut es mich, diesen Ort nach 20 Jahren wieder zu besuchen.

Zwei Filmsäle sind in dem Gebäude untergebracht. Der unter Denkmalschutz stehende große Saal wurde aufwendig restauriert, denn das historische Bauwerk hielt den statischen Anforderungen und den Vorgaben der Versammlungsstättenverordnung nicht mehr stand. Der Raum erstrahlt wieder in altem Glanz – nur unter modernsten Bedingungen. »Die plüschigen roten Sessel, in denen schon Generationen von Brakern ihre Kinonachmittage verbracht haben, sind ein Muss in diesem Saal«, erklärt Norbert Ostendorf. Er ist Vorsitzender der Kulturgenossenschaft, die das Lichtspielhaus betreibt und die Sanierung mit vielen ehrenamtlichen Helfern gestemmt hat. »Aber auch die braunen Holztische mit den kleinen Lämpchen gehören zum Retro-Inventar.«

Stucksäulen und die lange Theke machen das Flair vom Centraltheater Brake aus, in dem auch Kulturveranstaltungen stattfinden. Der zweite Kinosaal dient den regulären Vorführungen mit den aktuellsten Filmen. »Gerne bieten wir Interessierten eine Führung an. Wir haben noch einen alten Projektor hier stehen. Mit dem zeigen wir, wie Kino vor der Digitalisierung funktionierte«, erzählt Norbert Ostendorf. Dafür sind die beiden Filmvorführerurgesteine Fritz und Ede zuständig, mit denen ich schon Mitte der 1990er-Jahre gemeinsam Dienst geschoben habe.

Wenn Sie das Lichtspielhaus unterstützen möchten, werden Sie Mitglied der Kulturgenossenschaft.

37

Restaurant Culinaria
Hafenstraße 8
26919 Brake
04401 7068700
www.culinaria-brake.de

DER KÜNSTLER AM HERD

Restaurant Culinaria

»Mit dem guten Geschmack ist es ganz einfach: Man nehme von allem nur das Beste.« Dieses Zitat von Oscar Wilde wird im Restaurant *Culinaria* in Brake mit Leben gefüllt.

Direkt am Braker Binnenhafen, gegenüber vom Bootshaus gelegen, werden Gaumen- und Augenschmaus gleichermaßen geboten. Küchenchef Axel Müller arrangiert jeden Teller für die Gäste mit sehr viel Liebe zum Detail. Man merkt sofort, dass er sein Handwerk von der Pike auf gelernt hat. Sobald er Gemüse, Fleisch oder Obst in den Händen hält, kreiert er in Gedanken schon ein neues Gericht. *Culinaria*-Inhaberin Lilo Barghorn ist glücklich, dass sie den leidenschaftlichen Koch von Stralsund nach Brake locken konnte, denn er verleiht dem Restaurant eine spezielle Handschrift. »Axel steht für frische Küche. Er ist ein richtiger Künstler am Herd«, schwärmt die Braker Geschäftsfrau.

Besonders beliebt sind die dreigängigen Überraschungsmenüs. Da weiß man nie, was einen erwartet – aber eines steht fest: Es werden definitiv regionale und saisonale Köstlichkeiten serviert. »Jeden ersten Samstag im ungeraden Monat können sich unsere Gäste auf eine neue Speisekarte freuen. Dabei berücksichtigen wir natürlich das jahreszeitliche Speisekammerangebot.«

Wenn man das *Culinaria* betritt, wird man von Lilo Barghorn persönlich begrüßt. Dabei ist sie dezent zurückhaltend, denn nicht alle Besucher sind immer in Stimmung für eine ausgiebige Konversation. »Da habe ich zum Glück ein ganz gutes Fingerspitzengefühl«, sagt die Gastronomin mit einem Augenzwinkern. Die dunklen Holzbalken verleihen dem *Culinaria* das dazu passende warme Ambiente. In diesem Lokal kann man sich rundherum wohlfühlen.

Werfen Sie einen Blick in den Veranstaltungskalender vom *Culinaria*. Ab und zu werden für kulturelle Veranstaltungen spezielle Menüs angeboten. Für Gruppen gibt es einen gemütlichen Gesellschaftsraum.

38

Schiffahrtsmuseum der oldenburgischen Unterweser – Brake
Hauptgebäude
Telegraph: Kaje 8
53° 19.570'N – 8° 29.152'E
Haus Borgstede und Becker: Breite Straße 9
53° 19.595'N – 8° 29.075'E
26919 Brake
04401 6791
www.schiffahrtsmuseum-unterweser.de

LEBENDIGE SEEFAHRTSGESCHICHTE

Schiffahrtsmuseum

Ich kann mich noch an meinen ersten Besuch im Schiffahrtsmuseum erinnern. Damals war ich vier Jahre alt und Opa Paul zeigte mir die Ausstellung im Telegraphen, dem Hauptgebäude. Die Aufgänge bis hoch in den Turm waren schummerig beleuchtet, und ich fühlte mich wegen der riesigen Schiffsmodelle etwas unbehaglich. Knapp 40 Jahre später sehen die Räume komplett anders aus: Seit 2014 werden Besucher über ein modernes Farbleitsystem durch das helle Haupthaus geführt.

Zahlreiche Kapitänsbilder, Halbmodelle sowie das Fragment eines Rettungsbootes der 1957 gesunkenen *Pamir*, einer der letzten frachtfahrenden Großsegler im Transatlantikhandel, dokumentieren die regionale Seefahrtsgeschichte. Auffällig ist die Wandgestaltung des Erdgeschosses mit Delfter Fliesen, sogenannten Bloempotjes. Spannend ist die Visualisierung einzelner Routen via 3-D-Technik. Man erfährt sämtliche Daten und den Reiseverlauf der Schiffe. Die oberen Stockwerke widmen sich der ursprünglichen Aufgabe des 1846 erbauten Gebäudes als optischer Telegraph. Das Alphabet der Weserlinie sowie ein Modell verdeutlichen die Funktionsweise des einstigen Kommunikationssystems. Bemerkenswert ist zudem die Aussicht vom oberen Turmgeschoss auf den Schiffsverkehr der Unterweser.

Seit 1985 ist das *Haus Borgstede und Becker* zweiter Standort des Museums. Seine Ausstellung vermittelt Einblicke in die Schifffahrtsgeschichte unter oldenburgischer Flagge sowie das Leben von Carl Rudolph Bromme, genannt Brommy, dem Oberbefehlshaber der ersten deutschen Reichsflotte. Möbelstücke und Gemälde aus dem Privatbesitz der Familie sind präsentiert, und an einer Medienstation kann man in Brommys lyrisches und musikalisches Werk hineinlesen und -hören. Im zweiten Obergeschoss steht ein detailgetreues Diorama der Oltmann-Werft in Brake um 1850. Aufmerksamkeit erregt das Spantenmodell einer Brigg. Es ist das Meisterstück von Hinrich Fassmer, Bruder des Fassmer-Werft-Gründers Johann Fassmer.

Probieren Sie die Medienstation *Mast und Talje* aus. Sogar Kinder transportieren mit dem Flaschenzug spielend Säcke, die Erwachsene mit der Hand nicht einmal bewegen können.

39

Kaje
Infopavillon Brake Tourismus und Marketing e.V.
Kaje 9
26919 Brake
04401 19433
www.brake-touristinfo.de

FLANIEREN MIT WESERBLICK

An der Kaje

Oben auf dem Deich an der Kaje thront das Wahrzeichen der Kreisstadt: der 1846 erbaute Telegraph. Das rote Gebäude, das über eine voll funktionsfähige Rekonstruktion der einstigen dreiarmigen Signalanlage verfügt, wurde nach 1852 unter anderem als Gefängnis und Station für die städtische Feuerspritze genutzt, bevor das *Schiffahrtsmuseum* 1960 einzog. Doch welche Bedeutung hat eigentlich das Wort »Kaje«, das an der Unterweser und in Bremen allgegenwärtig ist?

Andernorts ist diese Flussuferstelle, an der Schiffe anlegen können, unter dem Begriff »Kai« bekannt. Sprachwissenschaftlern zufolge findet sich der Ursprung in der altfranzösischen Bezeichnung »cai«. Im 12. und 13. Jahrhundert sollen holländische Siedler das Wortgut aus dem Deichbau mit an die Weser gebracht haben. So etablierte sich der Ausdruck »Kaje« über die Jahre im Sprachgebrauch der Wesermärschler.

Die Braker Kaje ist im maritimen Stil gestaltet. Am Weserufer findet man viele Bänke, auf denen man die Aussicht auf den Fluss, die Schiffe und den Harriersand genießen kann. Bei einem Spaziergang durch den kleinen Park besteht die Möglichkeit, sich über den Weserausbau zu Beginn des 20. Jahrhunderts zu informieren. Und man trifft auf eine sehnsüchtig aufs Wasser schauende Sandsteinskulptur. *Die Wartende*, entworfen vom Künstler Norbert Marten, hat seit 1990 ihren festen Platz an der Kaje.

Blickt man vom Ufer zum Telegraphen, fällt einem sofort ein riesiger Anker ins Auge: ein Überrest des dänischen Linienschiffes *Christian VIII.*, das 1849 bei der Schlacht von Eckernförde explodierte. Des Weiteren befindet sich an der Kaje der Anlegeplatz der Fähre *MS Guntsiet*, mit der man von Frühjahr bis Herbst bis zu zehnmal täglich nach Harriersand übersetzen kann. Viel Spaß beim Flanieren!

Oben auf dem Deich findet man die Touristeninformation. Diese hält Wissenswertes über die gesamte Wesermarschregion und zu Ausflügen ins Umland bereit. Schauen Sie doch einfach mal rein!

40

Friedrichskirche Hammelwarden

Pfarramt Hammelwarden
Hammelwarder Straße 3
26919 Brake
Kirchenbüro:
04401 930884
https://wesermarsch.kirche-oldenburg.de

DAS MARITIME ERBE DER REGION

Friedrichskirche Hammelwarden

Sie ist eine Kirche wie aus dem Bilderbuch: Schlichter roter Klinker, der Turm ragt spitz gen Himmel. Die Friedrichskirche wurde im 18. Jahrhundert errichtet, der gesamte Bau dauerte vier Jahre. Damals gehörte die Grafschaft Oldenburg zum Königreich Dänemark, und so verdankt das Gotteshaus, das 1764 eingeweiht wurde, seinen Namen dem dänischen Regenten Friedrich V. (1723–1766).

Im Inneren wirkt das Bauwerk freundlich und einladend. Die weißen Holzbänke bilden ein feinsinniges Arrangement zu dem 24-armigen Kronleuchter, der 1771 von Harm Oesting aus Harrien gestiftet wurde. Während des Gottesdienstes sorgt er für eine besinnliche Atmosphäre. Zudem verfügt das Gebäude über eine wunderbare Akustik, welche den vollen Klang der historischen Orgel zur Geltung bringt. Das Instrument mit 24 Registern, von denen einige noch original sind, wurde 1766 von Johann Hinrich Klapmeyer aus Oldenburg handgefertigt. Der eindrucksvolle Orgelprospekt füllt mit den verglasten Kirchenstühlen an Nord- und Südwand die gesamte Westseite des Gotteshauses aus.

Das Bauwerk bewahrt das maritime Erbe der Region in besonderem Maße. Im Inneren ist ein Schiffsmodell der Elsflether Bark *Aeolus* zu finden, die 1872 auf der Eylers-Werft gebaut wurde. Es erinnert an die Zeit, als in Hammelwarden noch 13 kleine Werften ansässig waren. Auch auf dem idyllisch gelegenen Friedhof weisen viele Gedenksteine auf die bewegte Seefahrtsgeschichte der Wesermarsch und ihrer Bewohner hin. Hervorsticht das Grab von Konteradmiral Carl Rudolph Bromme (1804-1860), genannt Brommy, dem Befehlshaber der ersten deutschen Reichsflotte. Das Denkmal, welches auf seine letzte Ruhestätte verweist, ziert eine Inschrift vom Marschendichter Hermann Allmers.

Auf der Ostseite des Friedhofs, nahezu gegenüber von Brommys Grabstätte, wurde der Dichter Georg von der Vring begraben. Seit 2014 verschönert eine Gedenkplatte das sonst schlichte Grab.

41

Strand Oberhammelwarden
Parkplatz: Am Weserufer
26931 Elsfleth

Strandgaststätte Schöne Aussichten
Am Weserufer 1
26931 Elsfleth
04404 3028
www.strandgaststaette.de

DIE KARIBIK DER WESERMARSCH

Strand in Oberhammelwarden

Die Wesermarsch hat einige schöne Strände entlang des Weserufers zu bieten. Einer der beliebtesten Abschnitte für Sonnenanbeter und Badenixen befindet sich in Oberhammelwarden-Süd, dort, wo Hunte und Weser zusammenfließen.

Die Tasche mit Handtuch, Sonnencreme, Schirm und ausreichend Proviant ist fix gepackt. Bereits bei den ersten warmen Temperaturen bietet sich ein Ausflug zu dem rund 1.700 Meter langen Ufer an. Ausreichend Parkplätze sind vor dem *Segelclub Weserstrand Elsfleth* vorhanden. Von dort aus läuft man rund einen Kilometer in nördliche Richtung. Man kann aber ebenso gut bei der Strandgaststätte *Schöne Aussichten* in Oberhammelwarden parken und in südliche Richtung laufen.

Das mit Schilf und Strandhafer gesäumte Ufer bietet das optimale Ambiente für einen entspannten Tag am Wasser. Der lang gezogene Strandabschnitt bietet genügend Möglichkeiten, sich ein ruhiges Plätzchen zu suchen und dem leisen Wellenrauschen der Weser zu lauschen, den feinen Sand durch die Finger rieseln zu lassen oder eine Sandburg zu bauen. Oder man beobachtet einfach die vorbeifahrenden Schiffe und macht ein Picknick. Da keinerlei Bäume vorhanden sind, sollte man einen Sonnenschirm mitbringen. Auch Badenixen fühlen sich an der Weser wohl: An heißen Sommertagen verspricht der Sprung in den Fluss eine herrliche Abkühlung. Allerdings sollte man die Strömung nicht unterschätzen und sich nicht zu weit vom Ufer entfernen. Für Hundebesitzer und ihre Vierbeiner ist dieser Landstrich ebenfalls ein Paradies. Zwar dürfen die Tiere nicht baden gehen, aber das Toben im Sand macht den meisten genauso viel Spaß. Erfahrene Hundehalter wissen, dass sie ihre Lieblinge von April bis Mitte Juli an der Leine führen müssen.

Die Strandgaststätte *Schöne Aussichten* in Oberhammelwarden hat eine Sonnenterrasse mit Weserblick. Dort kann man den Tag mit einem Sundowner ausklingen lassen.

42

Yachthafen und SWE Segelclub Weserstrand e.V.
Am Yachthafen 1
26931 Elsfleth
www.swe-elsfleth.de

EIN LEBEN FÜR DEN WASSERSPORT

Yachthafen Lienen und Segelclub

Bei einem Spaziergang am Yachthafen in Lienen kann man sich eine herrliche Auszeit nehmen. Und da ist es ganz egal, ob die Sonne scheint und den blanken Hans auf das Wasser zaubert, ob es Bindfäden regnet oder der Sturm den Schafen die Locken aus dem Fell pustet. Der Blick auf die rund 150 Boote, die an den gepflegten, modernen Stegen des *Segelclub Weserstrand Elsfleth* (SWE) liegen, ist immer ansprechend und sorgt für einen klaren Kopf. Da muss man noch nicht mal selbst segeln.

Der SWE wurde 1914 gegründet und verfügt über ein Vereinsgelände an dem tidefreien Yachthafen. Er liegt in einem abgedämmten, durch eine Schleuse zugänglichen Altarm der Hunte, unmittelbar an der Einmündung in die Weser. Die Sportler können neben den Steganlagen auf 18 Hektar Wasserfläche vier Winterlagerhallen, ein Freilager, eine Slipanlage und einen Mastenkran nutzen. »Der SWE ist keine Marina, sondern ein Verein, in dem Gemeinschaft großgeschrieben wird. Da hilft man sich auch gerne gegenseitig«, sagt der Erste Vorsitzende Jonny Giessel. »Hauptaugenmerk liegt natürlich auf dem Wassersport. Aber auch Vereinsfeste und der gemeinsame Arbeitsdienst schweißen zusammen!« Heimatrevier der SWE-Skipper ist die Unterweser zwischen Bremen und Bremerhaven, die Watten zwischen Elbe und Jade sowie die leicht raue Nordseeküste.

Während des Spaziergangs am Yachthafen kann man auch das 120 Meter breite Huntesperrwerk überqueren. Jeweils 32 Meter ragen die beiden Flügel der Rollklappbrücke in den Himmel, wenn die Schiffsdurchlässe geöffnet sind. Die Klappbrücke wird tagsüber zu jeder vollen Stunde für fünf Minuten geschlossen, damit man bequem zur Flussinsel Elsflether Sand mit ihren tollen Stränden gelangen kann.

Lust auf ein kühles Blondes oder ein wärmendes Getränk? Im Bootshaus auf dem SWE-Gelände kann man eine Pause machen und mit den Wassersportlern ins Gespräch kommen.

48

Schiffahrtsmuseum der oldenburgischen Unterweser – Haus Elsfleth
Weserstraße 14
26931 Elsfleth
53°14.263'N – 8° 27.884'E
04401 6791
www.schiffahrtsmuseum-unterweser.de/das-museum/haus-elsfleth

Die Wiege der Wempe-Uhren

Schiffahrtsmuseum Haus Elsfleth

Wussten Sie, dass die Wempe-Uhren eng mit Elsfleth verbunden sind? An der Hunte legte der Uhrmacher Gerhard Diedrich Wempe (1857–1921) den Grundstein für ein heute international bekanntes Unternehmen. 1878 eröffnete er sein erstes Uhrengeschäft im Haus seiner Tante an der Steinstraße. Für die Schifffahrt spielten die Zeitmesser lange eine entscheidende Rolle.

Auf dem Wasser war bis zur Einführung des Globalen Positionsbestimmungssystems der Einsatz von absolut präzisen Uhren, sogenannten Chronometern, unerlässlich. Nur durch sie war eine korrekte Standortbestimmung auf See möglich. Im *Schiffahrtsmuseum Haus Elsfleth* kann man sich sowohl über die Geschichte Wempes als auch die Bedeutung des Chronometers für die Kursbestimmung informieren. Die Entwicklung der 1832 in Elsfleth gegründeten Navigationsschule, heute als Fachbereich Seefahrt der Jade Hochschule zugehörig, bedeutet eine informative Zeitreise für die Museumsbesucher.

Die in der ehemaligen Steenken-Villa untergebrachte Ausstellung setzt auf die interaktive Informationsvermittlung. Gäste können die Geschichte der Unterweserwerften aus der Sicht beteiligter Bootsbauer verfolgen, die vor allem zweimastige Briggs und mehrmastige Barken fertigten. Die einstigen Besitzer von fünf Werkzeugkisten erzählen anschaulich von ihrem Handwerk. Die Rekonstruktion einer Olympia-Jolle von 1936 verdeutlicht die Spezialisierung der Werften, von denen einige heute für die hohe Qualität ihrer Yachten bekannt sind.

Besuchen Sie auch Kapitän Horst-Werner Janssens (1933–2017) Büro, von dem aus der Elsflether Ehrenbürger über Jahrzehnte seine Flotte lenkte und für die Stadt vieles bewegte. Die Modelle der *Visurgis I.* bis *III.* visualisieren die Entwicklung der Containerschiffe und Janssens Erfolg als Reeder. Wenn das Telefon klingelt, nehmen Sie unbedingt ab und lauschen Sie der Geschichte seines bewegten Lebens.

Nehmen Sie Platz auf einer der gemütlichen Heringstonnen und verfolgen Sie ein Stück Film- und Heringsfischereigeschichte. Sie erhalten Einblick in den Alltag an Bord und die Verarbeitung an Land.

44

Schiffsführungssimulator der Jade Hochschule
An der Kaje
26931 Elsfleth
53°14'12.9'N – 8°27'55.4'E
www.jade-hs.de

Anmeldung:
Touristikinformation Stadt Elsfleth
An der Kaje 1a
26931 Elsfleth
04404 50460
https://elsfleth.de/tourismus-und-freizeit.php

IN DIE HÄFEN DIESER WELT EINLAUFEN

Schiffsführungssimulator

Kennen Sie die Häfen von Hamburg und Antwerpen, Port Botany in Sidney oder den chinesischen Guangzhou Port? Selbst wenn man viel auf Reisen ist – die wenigsten von uns haben doch die Gelegenheit, die riesigen Containerhäfen der Welt mit dem Schiff anzusteuern. Im Schiffsführungssimulator werden diese Manöver Tag für Tag gefahren. Und Sie können mit an Bord!

In erster Linie dient das Großgerät den Studierenden des Elsflether Fachbereichs Seefahrt und Logistik der Jade Hochschule zur Übung. Unter realitätsnahen Bedingungen können sie Erfahrungen im Führen eines Schiffes, am Radar, im Umgang mit elektronischen Seekarten sowie in Technischer Navigation und dem Wachdienst sammeln. Rund 160 Stunden verbringen die angehenden Seeleute während des gesamten Studiums im Simulator. Dieser zählt zu den modernsten weltweit. Fünf komplett ausgestattete Schiffsbrücken, die alle mit umfangreichen Sichtsystemen, je zwei ARPA-Radargeräten sowie einer elektronischen Seekarte ausgerüstet sind, sind im Einsatz.

Bei öffentlichen Führungen durch den Simulator kann man sich selbst in die Rolle des Ersten Offiziers oder Kapitäns hineinversetzen und Rundtouren durch die Häfen weltweit unternehmen. Da treten plötzlich die spannendsten Momente in realistisch nachempfundenen Situationen auf: Was muss ich unternehmen, wenn die Verkehrszentrale mir Gegenverkehr meldet? Wie verhalte ich mich bei Unwetter oder dichtem Nebel? Und wie passiere ich unerwartete Hindernisse? Da bleibt nur, einen kühlen Kopf zu bewahren und Entscheidungen zu treffen.

Diese bleiben zum Glück ohne reelle Folgen für Mann und Maus, denn selbst bei einer Havarie passiert ja nicht wirklich etwas. Nur eins sollte man auf jeden Fall mitbringen: ein bisschen Seetauglichkeit. Denn oben auf der Brücke hat man tatsächlich das Gefühl, dass der Boden unter den Füßen leicht schwankt.

Verbindliche Anmeldungen für die ausgewiesenen Führungstermine werden von der Touristikinformation entgegengenommen.

45

Großherzogin Elisabeth
Liegeplatz: An der Kaje
26931 Elsfleth

Schulschiffverein Großherzogin Elisabeth
Fördergesellschaft mbH
Rathausplatz 5
26931 Elsfleth
Buchung: 04404 988672
www.grossherzogin-elisabeth.de

MIT DER GRAND DAME AUF SEE

Schulschiff Großherzogin Elisabeth

Die Elsflether nennen sie liebevoll Lissi, und sie ist wahrlich eine imposante Erscheinung. Dass sie ihren 100. Geburtstag bereits feierte, sieht man ihr gar nicht an. Das mag an der guten Pflege liegen, die der Grand Dame Jahr für Jahr zuteil wird. Mit ihren 63,70 Metern Länge braucht sie viel Platz – aber der ist an der Elsflether Kaje durchaus vorhanden. Seit 1982 ist die Großherzogin Elisabeth in der Huntestadt zu Hause. Seitdem ist das Schulschiff Wahrzeichen Elsfleths und maritime Botschafterin der Wesermarsch.

Der Dreimastschoner, der 1909 unter dem Namen San Antonio in der niederländischen Scheepswerft vom Stapel lief, hat die gesamte Welt bereist. Dank des *Schulschiffvereins Großherzogin Elisabeth e. V.* und des Engagements des Elsflether Ehrenbürgers Horst-Werner Janssen wurde dem Großsegler Anfang der 1980er-Jahre eine besondere Aufgabe übertragen: Als Internat bot er mit 26 Kammern den Schiffsmechanikern aus Elsfleth eine warme Koje. Zugleich lernten die Auszubildenden das Leben an Bord kennen.

Seit 1986 nutzt der Fachbereich Seefahrt und Logistik der Jade Hochschule die Lissi jedes Jahr für Lehrfahrten. Aber auch Landratten sind bei einigen Touren an Bord willkommen, wenn die Grand Dame in See sticht. Bei Tagestörns oder auf längeren Reisen darf mit angepackt werden. Vor allem beim Segelsetzen und -einholen wird jede helfende Hand benötigt. Ein bisschen seefest sollte man allerdings sein, denn ab und zu schaukeln einen die Wellen der Weser und Nordsee nicht allzu sanft in den Schlaf. Doch mal ehrlich: Was gibt es Schöneres, als sich eine frische Brise um die Nase wehen und den Blick über das Wasser schweifen zu lassen? Besuchen Sie die Lissi an der Elsflether Kaje und seien Sie bestenfalls an Bord, wenn es wieder heißt »Leinen los!«

Sie möchten heiraten? Auch das ist auf der Großherzogin Elisabeth möglich – allerdings nur, wenn sie in ihrem Heimathafen Elsfleth liegt.

46

Restaurant Panorama
An der Kaje 1b
26931 Elsfleth
04404 959695

Speisen mit Stadtgeschichte

Restaurant-Bistro Panorama

Man hat fast das Gefühl, an Deck eines Kreuzfahrtschiffes zu sitzen. Wenn man im *Panorama* in Elsfleth Essen geht, sitzt man in den Sommermonaten am besten draußen. Meistens weht auf der Terrasse, die sich wie das Bistro im ersten Obergeschoss des Gebäudes befindet, eine leichte Brise. Selbst an heißen Tagen lässt es sich daher wunderbar an Deck aushalten. Der leichte Rundbau ermöglicht den Gästen zudem einen 180-Grad-Blick auf die Elsflether Kaje, an der oft reges Treiben herrscht. Vor allem, wenn das Schulschiff Lissi im Hafen liegt, bevor es zum nächsten Törn ausläuft.

Aber auch Teile der Stadtgeschichte lassen sich von hier oben gut nachvollziehen. Einige umliegende Häuser sind stumme Zeugen der Zeit, als Graf Anton Günther von Oldenburg im 17. Jahrhundert Elsfleth den Weserzoll und damit auch den Wohlstand brachte. Von der Terrasse sieht man das ehemalige Zollamt und heutige Rathaus sowie das Jagdschloss des Grafen, in dem heute die Heye-Stiftung mit städtischer Bücherei, Stadtverwaltung und Standesamt untergebracht sind. Und natürlich das Denkmal des Schwarzen Herzogs Friedrich Wilhelm von Braunschweig-Oels. Dieser setzte sich, verfolgt von napoleonischen Truppen, 1809 mit seinem Korps, der *Schwarzen Schar*, dank unkomplizierter Hilfe der Elsflether Schiffer nach Helgoland ab.

Es gibt folglich viel zu sehen, wenn man mit einem Kaffee und selbst gebackenem Kuchen oder bei einem Glas Wein und knuspriger, reich belegter Pizza im *Panorama* sitzt. Inhaberin Sarina Freels legt großen Wert auf frische Produkte in ihrer Küche. Wenn sie nicht selbst kocht, ist sie meistens hinter dem Tresen anzutreffen und jederzeit zu einem Schnack mit den Gästen aufgelegt.

Vom *Panorama* aus kann man auch bei Veranstaltungen alles überblicken. Besonders beim alljährlichen Kutterpullen im Frühsommer sieht man genau, welches Boot die Nase vorne hat.

47

Restaurant-Hotel Kogge
Rathausplatz 7
26931 Elsfleth
04404 9599110
www.kogge-elsfleth.de

DEM KLANG DER GLOCKE LAUSCHEN

Hotel-Restaurant Kogge

Wenn man auf dem Elsflether Rathausplatz steht, fällt einem neben dem Rathaus sofort ein weiteres Gebäude ins Auge: das Restaurant und Drei-Sterne-Hotel Kogge. Der Blick schweift von den halbrunden Fensterbögen im Erdgeschoss hinauf zur Uhr unter dem Giebel. Diese schmücken ein Glockenspiel und das Wappen der Nautischen Verbindung *Visurgis* mitsamt ihrem Leitspruch: »Navigare necesse est!« – »Seefahrt tut not!«.

Der Zeitmesser zierte einst die Elsflether Seefahrtschule an der Peterstraße, bevor er 1988 an der Kogge angebracht wurde. Von 8 bis 22 Uhr erklingt alle zwei Stunden ein Shanty auf dem Glockenspiel, zu jeder halben und jeder vollen Stunde hört man zusätzlich das Anschlagen einer Schiffsglocke. Das Dekor weist das Haus als Ort mit maritimer Tradition aus. Im Oktober 1969 bezog die Reederei H.W. Janssen die Räume im ersten Obergeschoss als Firmensitz. Von dort wurde norddeutsche Schifffahrtsgeschichte geschrieben. Heute befinden sich in diesen Räumen komfortable Hotelzimmer.

An der Bar im Erdgeschoss trifft man sich abends noch kurz auf ein kühles Blondes. Da wird mit dem Geschäftsführer Jens Weinstock und seiner Frau Ana Weinstock geschnackt, wobei das Thema Seefahrt häufig eine Rolle spielt. Der Bistrobereich im Wintergarten bietet beste Sicht auf das Treiben auf dem Rathausmarkt, während man kleine Leckereien oder einen Kaffee genießt. Küchenchef Jens Herlyn lässt sich für die Speisekarte immer wieder etwas Neues einfallen. Dabei setzt er vor allem auf regionale Spezialitäten. Für Fangfrisches aus dem Meer ist die Kogge weithin bekannt.

»Wir möchten unseren Gästen gerne Abwechslung bieten. Deshalb gibt es diverse kulturelle Veranstaltungen gepaart mit kulinarischen Vergnügen bei uns«, sagt Imke Janssen. Sie leitet das Haus Kogge in der maritimen Verbundenheit zu ihrem verstorbenen Vater, dem Kapitän und Reeder Horst-Werner Janssen (1933–2017).

Im Eingangsbereich des Restaurants hängt ein Gemälde von dem Marinemaler Harald Ricklefs, auf dem man die Geschichte der Reederei Janssen nachvollziehen kann.

48

**Timbercoast –
Shop und Büro**
Steinstraße 15
26931 Elsfleth
04404 8279621
https://timbercoast.com/de

BIO, FAIR UND NACHHALTIG GESEGELT

Timbercoast-Shop

Rum von den Kanaren, Kaffee aus Honduras, Kardamom aus Nicaragua und Rotwein von der Gironde – die Ladung der 1920 in den Niederlanden gebauten *Avontuur* ist vielfältig. Auf seinen Atlantikrouten transportiert der 43,5 Meter lange und fast sechs Meter breite Gaffelschoner nachhaltig Produkte, die überwiegend fair gehandelt werden und aus kontrolliert biologischem Anbau stammen.

Ihr Name bedeutet auf Flämisch zwar »Abenteuer«, doch das Segeln mit der *Avontuur* ist in Wirklichkeit harte Arbeit. »Wir transportieren unsere Fracht sauber und nachhaltig«, erzählt Cornelius Bockermann, der mit dem Schiff seine Vision eines umweltfreundlichen Transportmittels in die Realität umsetzte. Der Kapitän zu See, der früher Containerschiffe gesteuert hat, möchte mit seinem Projekt »Mission Zero« die Chancen eines alternativen Seetransports aufzeigen – und er schaffte es früh, Mitstreiter für seine Idee zu begeistern. Bereits beim 18-monatigen Umbau der *Avontuur*, die 114 Tonnen laden kann, bekam er Unterstützung von 160 ehrenamtlichen Helfern, die alle Teil der Vision werden wollten. Mit dabei waren Architekten aus Australien, Schiffsbauer aus Deutschland, Zimmermänner aus Israel – alle packten kräftig mit an, um den Gaffelschoner auf der Elsflether Werft wieder segeltauglich zu machen. Hand in Hand für eine Mission: den Aufbau einer Frachtsegelflotte für sauberen Seetransport.

Mittlerweile hat das Unternehmen *Timbercoast* ein eigenes Label geschaffen. Darunter werden mit der *Avontuur* gesegelter Rum, Kaffee, Korn, Honig, Gin und Salz verkauft. Alle Produkte kann man in Elsfleth, dem Heimathafen des Gaffelschoners, direkt kaufen oder online bestellen. Der Gewinn fließt zurück in die Erhaltung des Frachtseglers. Zu finden ist der *Timbercoast*-Shop an der Steinstraße.

Der von der *Avontuur* gesegelte Rum ist Botschafter für den Umweltschutz auf See und steht für nachhaltigen Konsum. Salzige Seeluft und ausgedehnte Seereisen veredeln das Getränk und fördern die Alterung.

49

Moorriemer Landcafé
Bardenfleth 39a
26931 Elsfleth-Moorriem
04485 462666
www.moorriemerland-cafe.de

TEETIED IN DER REETDACHSCHEUNE

Moorriemer Landcafé

Wer die Wahl hat, hat die Qual. Das trifft auf jeden Fall zu, wenn man vor dem reich bestückten Kuchentresen des Moorriemer Landcafés steht und am liebsten »einmal alles!« bestellen möchte.

Klassiker wie Käsekuchen, Apfelbienenstich, Schwarzwälder-Kirsch- oder Friesentorte werden gerne gewählt. Jedoch: »Die unangefochtene Nummer eins ist seit Jahren unsere Stachelbeer-Baiser-Torte«, verrät Traute Bunjes, die seit 2013 gemeinsam mit ihrer Schwester Edith Stindt für das Wohl der Gäste sorgt. »Inzwischen ist aber die Moortorte, die wir 2016 gemeinsam mit Sven Tietzer vom NDR gebacken haben, fast genauso beliebt.« Zum Gebäck werden frisch gebrühter Kaffee oder eine der zahlreichen Teesorten angeboten. Der Tee wird traditionell in einer Kanne nebst Stövchen serviert. Es ist ein bisschen wie »Kaffeesieren«, wie der Bremer das gemütliche Zusammensitzen nennt, oder die gute alte Teestunde zu Großmutters Zeiten.

Das Landcafé im ländlichen Moorriem befindet sich in einer rund 250 Jahre alten reetgedeckten Fachwerkscheune und bietet Platz für etwa 70 Gäste. Im Sommer kann man im Garten zwischen Rhododendren sitzen und bekommt neben den leckeren Torten und Kuchen auch erfrischende Getränke und Eis an den Tisch gebracht. Und wer auf der Suche nach einem Mitbringsel ist, wird an diesem Ort fündig: Künstler und Landfrauen aus dem Umland bieten selbst gemachte Marmeladen, Liköre, farbenfrohe Textilarbeiten, Bilder, Schmuck und saisonale Dekoartikel aus Holz günstig zum Kauf an.

Bevor die Schwestern die Leitung der Gastronomie übernommen haben, schwangen sieben Landfrauen den Rührlöffel in der Backstube. Sie etablierten die noch heute verwendeten Kuchenrezepte. Aus Altersgründen übergaben sie das Zepter an ihre Nachfolgerinnen, die das Café in ihrem Sinne weiterführen.

Das Café liegt direkt an der Deutschen Sielroute. Die 13 Fachwerkdörfer sind geprägt von Pferdezucht und Landwirtschaft – ein traumhafter Landstrich zum Radfahren und Spazierengehen.

50

Garten Moorriem
(Mai–September)
Huntorf 1
26931 Elsfleth-Huntorf
04485 462904
www.garten-moorriem.de

EINE BLÜHENDE OASE

Landschaftsgarten Moorriem in Huntorf

Stauden, so weit das Auge reicht. Ein Spaziergang durch den Garten von Dr. Albrecht und Ute Ziburski lässt einen die Zeit vergessen. Üppig blühende Pfingstrosen, leuchtend blaue Ritterspornrispen, unverwechselbar duftender Phlox und Dahlien in sämtlichen Farben spiegeln nur einen kleinen Teil der Pflanzenvielfalt in Huntorf wider. »Als wir 2006 das Grundstück kauften, hatte ich bereits einen Plan im Kopf. Meine Frau und ich wussten genau, wie dieser Garten einmal aussehen würde«, erzählt der Botaniker.

Wer aufmerksam durch Moorriem fährt, wird schnell feststellen, dass die historischen reetgedeckten Fachwerkhäuser häufig von schönen Grünanlagen umgeben sind. Ein Merkmal der Region: Die alten Obstbäume wurden im 18. und 19. Jahrhundert immer nah an die Häuser gepflanzt – die einstigen Statussymbole sollten schließlich stets gut sichtbar für den Hausherren und seine Gäste sein. Auch bei den Ziburskis befindet sich dicht am Fachwerkgiebel ein imposanter Apfelbaum.

»Unser Garten fügt sich perfekt in die landschaftliche Umgebung Moorriems ein«, sagt Ute Ziburski. Insgesamt teilt sich das 6.000 Hektar große, parkähnliche Areal in drei unterschiedliche Abschnitte. Das Wohnhaus ist umgeben von altem Obstbaumbestand. Daran grenzt ein alter, traditionell angelegter Bereich mit Wegen, Grünflächen und geschickt angeordneten Stauden, die zu jeder Jahreszeit für unterschiedliche Stimmungsbilder sorgen. Eine malerische Brücke führt in den naturnahen Garten, der durch Gräser und Wildstauden einen fließenden Übergang zu den angrenzenden Wiesen bildet. Ein faszinierender Hingucker ist das 30 Meter lange Echinacea-Purpurea-Beet, das in tiefem Lila leuchtet.

Von Mai bis September ist die grüne Oase für Besucher geöffnet. Wie wäre es mit einer Kaffeepause unterm Apfelbaum? Bedienen Sie sich in der Diele des alten Fachwerkhauses und genießen Sie das einzigartige Ambiente. Alle Stauden werden auch zum Kauf angeboten.

51

Gellener Torfmöörte
Gellener Damm
26931 Elsfleth

EIN PARADIES FÜR VOGELLIEBHABER

Naturschutzgebiet Gellener Torfmöörte

Endlos verwunschene Wege, im Sonnenlicht glänzende Teiche – es scheint fast wie im Märchen, vor allem wenn sich in kühlen Wintermonaten der Raureif auf die kargen Äste der Bäume legt. Die Gellener Torfmöörte ist ein weitläufiges Naturschutzgebiet, das zu jeder Jahreszeit unterschiedliche Facetten zeigt und mit dem natürlichen Kreislauf immer wieder sehenswert ist. Lassen Sie sich von dieser einzigartigen Flora und Fauna verzaubern und wandern Sie über schwankende Torfmoosflächen oder sumpfigen Bruchwald und durch hüfthohes Pfeifengras. Viele selten gewordene Pflanzen, Amphibien, Vögel und Libellen haben an diesem Ort noch eine Heimat.

Die Gellener Torfmöörte gehörte einst zum Ipweger Moor, das lange als wildestes und unzugänglichstes Sumpfland Deutschlands galt. Seit 1984 stehen die 120 Hektar bei Elsfleth unter Naturschutz. Ein Lehrpfad ermöglicht eine kleine informative Tour durch die abwechslungsreiche Landschaft, die geprägt ist von Grünland, Teichen, Torfstichen, Wald und Moorheiden. Zusammen mit dem Ipweger Moor bildet das Areal die letzten Reste naturnaher Hoch- und Übergangsmoore der Wesermarschen.

Wer die Gellener Torfmöörte besucht, wird erstaunt sein, wie viele Libellenarten hier zu Hause sind. Sehenswert ist in den Monaten Mai bis Juli die Sumpfcalla, die ihre großen weißen Hochblätter zur Schau trägt und deren roten Beeren schon aus der Ferne in der Sonne leuchten. Liebhaber gefiederter Freunde können viele singende Vogelarten wie Kuckuck, Gartenrotschwanz, Fitis, Zilpzalp, Goldammer, Gartengrasmücke, Misteldrossel, Singdrossel, Dorngrasmücke, Mönchsgrasmücke, Baumpieper, Buchfink, Zaunkönig, Bachstelze, Rotkehlchen und Schwarzkehlchen erleben.

Eine Wanderung in den frühen Morgenstunden verzaubert besonders. Dann erwacht die Natur und man kann dem Klang der Tierwelt in aller Ruhe lauschen.

52

Melkhus Orth
(Mai–Oktober)
Deichstraße 10
27804 Berne
04406 5526

ERFRISCHENDE PAUSE IM HOLZHÄUSCHEN

Melkhus Orth

»*Deichbombe* gefällig?« Sagen Sie keinesfalls Nein! Der erfrischende Cocktail aus Buttermilch, Vanilleeis, Granatapfelsirup und Orangensaft ist der absolute Renner unter den Milchmixgetränken des *Melkhus* in Orth. »Den sollte man auf jeden Fall probieren, wenn man bei uns eine Pause einlegt«, sagt Karin Schumacher, die gemeinsam mit ihrer Schwiegertochter Anika für leckere Snacks und Drinks in der heimeligen Holzhütte sorgt.

Neben der *Deichbombe*, die nach einer anstrengenden Radtour wieder die Lebensgeister weckt, zaubern einem auch *Himbeerschmaus* und *Quarktraum* ein zufriedenes Lächeln ins Gesicht. »Natürlich bekommt man bei uns auch klassischen Milchreis, selbstgebackenen Kuchen und Kaffee.« Besonders Radfahrer, die entlang der Deutschen Sielroute und des Weserradwegs unterwegs sind, profitieren von dem abwechslungsreichen Angebot im grünen *Melkhus*. Insgesamt gibt es neun dieser gemütlichen Rastplätze über die gesamte Wesermarsch verteilt.

Das *Melkhus* in Berne steht direkt am Deich und wurde, wie alle anderen auch, 2003 eröffnet. »Damals hatten wir Landfrauen die Idee, Radfahrern eine unkomplizierte Rastmöglichkeit zu bieten«, erzählt die Betreiberin. In erster Linie funktioniert der Betrieb nach dem Selbstbedienungsprinzip. »Aber meistens ist einer von uns in greifbarer Nähe, sodass man kurz schnacken oder den Bestand auffüllen kann, falls die Lieblingsspeise bereits ausverkauft ist.« Bei Regen können die Besucher in der 2011 erbauten Scheune, die mit gemütlichen Tischen und Stühlen ausgestattet ist, die frisch zubereiteten Milchprodukte genießen.

Geöffnet haben die Melkhüs in der Wesermarsch von Mai bis Oktober. In Berne wird jeden ersten Sonntag im Monat ein reichhaltiges Frühstücksbuffet mit selbstgebackenem Brot angeboten. Um Anmeldung wird gebeten.

58

Gedenkstele am Rathause Berne
Am Breithof 6
27804 Berne
04406 9410
www.berne.de

EINE ACHSE DER ERINNERUNG

Gedenkstele am Rathaus Berne

Kann ein Ort des Gedenkens ein Lieblingsplatz sein? Ja, denn er gibt Anlass, in sich zu kehren, sich auf wichtige Dinge im Leben und der Geschichte zu besinnen. Eine Notwendigkeit, der heutzutage nicht mehr alle gerecht werden. In Berne gibt ein rund eineinhalb Tonnen schwerer stahlummantelter Betonquader vor dem Rathaus Gelegenheit dazu. Schlicht, aber eindrucksvoll – ein dem Anlass würdiges Zeichen.

Die Säule ist mit ihren 2,50 Metern Höhe von allen Seiten aus gut sichtbar und soll an die jüdischen Mitbürger und Mitbürgerinnen erinnern, die dem Nationalsozialismus zum Opfer gefallen sind. Neben der Tafel mit den Namen der damals in Berne lebenden Familien ziert den rund 50 Zentimeter tiefen Quader ein keilförmiges Bruchstück, das symbolisch an den Verlust erinnern soll. Gestaltet wurde der Gedenkstein vom Jader Künstler Raymon E. Müller, dessen kreative Handschrift man überall in der Wesermarsch wiederfindet.

Mit der Positionierung der Stele am Rathaus ist in Berne eine Achse der Erinnerung entstanden. Fußläufig zu dem modernen und schlichten anthrazitfarbenen Kunstwerk findet man direkt um die Eiche am Breithof das Denkmal für die Gefallenen des Deutsch-Französischen Krieges von 1870/71. Noch ein paar Schritte weiter gelangt man zur St.-Aegidius-Kirche, die schon alleine durch ihre Fassade aus rotschimmerndem Sand- und Backstein die Aufmerksamkeit auf sich zieht. Auf ihrem Friedhof befindet sich die Gedenktafel für die im Ersten Weltkrieg gefallenen Soldaten. Wer ein bisschen Zeit mitbringt, sollte einen Spaziergang über die Anlage machen und einen Blick in die Kirche werfen. Der Altar und die Kanzel stammen aus der Werkstatt des Hamburger Holzschnitzers Ludwig Münstermann.

Wer noch weiter auf historischen Spuren wandeln möchte, dem sei der jüdische Friedhof an der Weserstraße 38 in Berne-Ranzenbüttel ans Herz gelegt.

54

Paddeln mit der TuS-Warfleth e.V. – Kanupolo Berne

Bootshaus
An der Ollenbrücke /
Am Schulplatz
27804 Berne
0171 9988707
www.kanupolo-berne.de

Kleines Abenteuer vor der Haustür

Paddeln auf dem Fluss Ollen

»Schau mal – eine Entenfamilie!«, quietscht Aurelia vergnügt und zappelt aufgeregt hin und her. Das Boot beginnt, leicht bedrohlich zu wackeln. Während mein Patenkind sich vor Freude kaum wieder beruhigen kann, hält ihr Bruder Julius sein Paddel noch fester mit beiden Händen umschlossen. Präzise wie ein Uhrwerk taucht er es immer wieder in das seichte Wasser der Ollen. »Na, hast du Angst, dass wir kentern?«, necke ich ihn. Meter um Meter legen wir zurück, das Ufer immer in sicherer Entfernung.

Wer die Gemeinde Berne einmal von der Wasserseite aus kennenlernen möchte, dem sei eine Runde mit dem Kanadier ans Herz gelegt. Mit vier Personen findet man in diesen Kanus, die von ambitionierten Paddlern keck als »träge Lastenesel« bezeichnet werden, bequem Platz. Vermietet werden sie von der Kanupolo-Abteilung des *TuS-Warfleth*, dessen Vereinsgelände direkt am Flussufer der Ollen hinter der Oberschule liegt. Dort werden die Boote an die Gäste übergeben, und man kann umgehend in See stechen – natürlich nur gesichert mit Schwimmweste und nach vorheriger Einweisung.

Gemächlich paddeln wir entlang der angrenzenden Gärten und Grundstücke. Diese Art der Fortbewegung hat beinahe etwas Meditatives, denn ich muss mich konzentrieren, Kurs zu halten. Einmal nicht aufgepasst, und zack ändert das Boot eigenmächtig seine Richtung.

»Vorsicht! Kopf einziehen!«, ruft Julius. Wir unterqueren eine der zahlreichen Holzbrücken, die den kleinen Flusslauf säumen. Aber keine Sorge: Nach oben ist noch ausreichend Platz! Begleitet vom satten Grün der Wiesen und dem unterhaltsamen Gezwitscher der heimischen Singvögel vergeht der Nachmittag wie im Flug. Mittlerweile sind wir eins mit dem Fluss, lassen uns ein bisschen treiben und manövrieren den Kahn souverän wieder zur Anlegestelle.

Bitte melden Sie sich im Vorfeld telefonisch an. Die Preise für einen Tag sind moderat; bei Bedarf kann man einen erfahrenen Begleiter dazubuchen.

55

Storchenpflegestation Wesermarsch
Storchenweg 6
27804 Berne-Glüsing
04406 1888
www.storchenstation.de

WENN ES WIEDER KLAPPERT

Storchenpflegestation in Glüsing

Er ist rund 80 Zentimeter hoch, wiegt zwischen zweieinhalb und viereinhalb Kilo und seine Flügelspannweite misst gut zwei Meter. Der schmale rote Schnabel ist sein Markenzeichen ebenso wie die langen, recht hageren Beinchen. Das weiße Gewand in Kombination mit den schwarzen Schwungfedern macht ihn unverwechselbar. Vor allem in Berne trifft man diesen gefiederten Gesellen das gesamte Jahr über an, denn in Glüsing befindet sich die Storchenpflegestation von Anke und Udo Hilfers.

Schon wenn man das Grundstück betritt, hört man das Klappern der Schnäbel. »Bei uns in der südlichen Wesermarsch findet der Storch dank der weitläufigen Wiesen noch einen reich gedeckten Tisch mit Fröschen, Würmern, Schnecken und Mäusen vor«, sagt Udo Hilfers.

Seit 1992 beheimatet sein Hof rund 50 Patienten in Dauerpflege. Viele von ihnen haben Teile vom Flügel, Bein oder Schnabel durch Zusammenstöße mit Windrädern oder Hochspannungsleitungen verloren und bedürfen nun besonderer Fürsorge. Immer im Frühjahr kommen rund 50 Weißstorchenpaare zum Brüten in die Baumkolonie in Glüsing. Für die Zeit, in der sie sich paaren und ihre Jungen aufziehen, sind die wagenradgroßen Horste ihr Zuhause. »Ein Storch ist treu. Wenn ihm auf seiner Reise zum Überwintern nichts passiert, besetzt er im kommenden Jahr wieder sein bekanntes Nest. Dem ist er meist treuer als dem Partner. Aber in der Regel finden sich dieselben Paare wieder zusammen.«

Besucher können von Gartenbänken aus Adebar und seine gefiederten Freunde in aller Ruhe beobachten. »Wir haben auch Seeadler und andere Greifvögel in der Umgebung. Da ist immer was los. Vor allem wenn die Jungstörche ihre ersten Flugversuche machen, gibt es viel zu gucken«, verspricht Hilfers.

Führungen für Gruppen ab zehn Personen finden nach vorheriger Anmeldung statt. Auf der Tour erfährt man alle Einzelheiten über den Weißstorch und sein Brutverhalten.

56

Arboretum Neuenkoop
Neunkooper Straße 64
27804 Berne-Neuenkoop
04406 224536
www.arboretum-neuenkoop.de

Eine kleine Weltreise gefällig?

Arboretum Neuenkoop

Wenn jemand mit Leidenschaft eine Idee umsetzt, spürt man das sofort. Das Arboretum in Neuenkoop ist solch ein Herzensprojekt. Auf einem rund 20.000 Quadratmeter großen Areal hat Matthias Rieger mit viel Einsatz eine beachtliche Gehölzsammlung angelegt, die in der Region einzigartig ist und zugleich auf eine Reise um die Welt einlädt.

»Mit Bäumen und Stauden kann man anschaulich durch Länder und über Kontinente führen. Deshalb habe ich den Park auch in einzelne Bereiche eingeteilt«, erzählt der Pflanzenliebhaber. Gäste wandeln durch den Maurischen Garten, über die Wildblumen- oder Kastanienwiese oder am Chinesischen Pavillon vorbei. Vor allem in den Sommermonaten verändert die grüne Oase fast wöchentlich ihr Gesicht durch die unterschiedlich blühenden Pflanzen.

Rund 20 Prozent der Gehölze hat Matthias Rieger selbst gezogen, viele Samen und Stecklinge kommen von weit her: aus Chile, Neuseeland, China und sogar aus dem Himalaya. Der Politikwissenschaftler und ausgebildete Gartenbauarchitekt geht immer wieder auf Reisen, um seinen Lehr- und Schaugarten zu erweitern. »Ich achte sehr darauf, dass man zu jeder Jahreszeit etwas entdecken kann. Selbst in den Wintermonaten gibt es bei uns grüne Ecken!«

Begonnen hat 1996 alles mit dem Kauf der Jugendstilvilla auf dem Gelände. »Außer dem denkmalgeschützten Haus war hier nur grüne Wiese – und die Stieleiche, die bereits über 100 Jahre alt ist.« Über die Jahre hat der betagte Baum Gesellschaft bekommen: Mehr als 1.000 Pflanzen- und Gehölzarten, darunter Palmen, Kamelien, Mammut- und Zitrusbäume, fühlen sich im Berner Boden sichtlich wohl.

Packen Sie sich einen Picknickkorb ein und verweilen Sie ein bisschen im Schatten der mediterranen Zypressen. Im Arboretum laden viele Plätze zu einer Pause im Grünen ein.

57

St.-Marien-Kirche Warfleth
Deichstraße 120
27804 Berne-Warfleth
Pfarramt Warfleth:
04406 295
Kirchenbüro Berne:
04406 238

TYPISCH NORDDEUTSCH

Schifferkirche St. Marien in Warfleth

Der rote Backstein harmoniert mit dem satten Grün des weitläufigen Warflether Deiches. Die Äste der hoch gewachsenen Kastanie, die nur wenige Meter entfernt vor dem Eingang steht, wiegen leicht im Wind und spenden an heißen Tagen wohltuenden Schatten. Ein idyllischer und geheimnisvoller Ort, der sich als Filmkulisse für eine *Pater Brown*- oder *Miss Marple*-Verfilmung eignen würde.

Die kleine Kirche St. Marien aus dem 15. Jahrhundert spiegelt von außen genau das wider, was wir unter typisch norddeutsch verstehen: schlichter Charme ohne viel Schnickschnack. Es sind die klaren Linien, die faszinieren. Während andere Gotteshäuser mit imposanten Fassaden und farbenprächtigen Glasfenstern glänzen, ziehen bei der Warflether Kirche die feinen, überwiegend maritimen Details die Aufmerksamkeit auf sich.

»Geöffnet« steht auf dem hellen Holzschild links neben der dunkelgrünen Doppeltür. Der Innenraum wird vom Altar und der Kanzel dominiert, die beide schmuckvoll und aufwendig gestaltet wurden. Von der Empore eröffnet sich ein schöner Blick auf den Chor und das große Steuerrad, das die rechte Seitenwand ziert. Wer einen Ort der Ruhe sucht und seine Gedanken ordnen möchte, ist in diesem Sakralbau genau richtig.

Doch häufig zieht in die Kirche Leben ein – die gute Akustik und die stilvolle Atmosphäre lassen Konzerte und Lesungen zu einem außergewöhnlichen Erlebnis werden. In der südlichen Wesermarsch ist die Schifferkirche, nicht zuletzt wegen des großen Ankers und des Pollers auf ihrem Vorplatz, bekannt. Die Symbole unterstreichen die Verbundenheit der Bevölkerung mit der Schifffahrt. Das Gebäude war einst Teil des Deiches; seit 1962 wird es durch eine stählerne Spundwand selbst vor Sturmfluten geschützt.

Wer sich für Sonnenuhren interessiert, wird ebenfalls fündig: Eine vertikale Süduhr aus hellem Sandstein ist in unmittelbarer Nähe zur Warflether Kirche aufgestellt.

58

Oldtimermuseum
Deichstraße 215
27804 Berne-Bardenfleth
Peter Humpe:
04406 9723333
Helga Becker: 04406 719

Schatzkammer für Autoliebhaber

Oldtimermuseum in Bardenfleth

Paul Newman, Axel Springer und Jürgen Roland haben eines gemeinsam: Alle drei fuhren eine *Isabella TS*. Das populäre Auto der Bremer *Borgward*-Werke punktete in den 1960er-Jahren gleich mit mehreren Argumenten: Es war ein Raumwunder wie der *Opel Kapitän*, ähnlich agil wie ein *Porsche*, hatte deutlich mehr Sex-Appeal als eine Limousine von *Mercedes* und war zudem noch bezahlbar. Daher verwundert es nicht, dass bei der mittlerweile in die Jahre gekommenen Traumfrau *Isabella* noch heute zahlreiche Liebhaber schwach werden. Zu ihnen zählen unter anderem Peter Humpe und seine Lebensgefährtin Helga Becker. Zusammen betreiben sie seit 2008 das private Berner Oldtimermuseum in Bardenfleth.

»Wir suchten für die alte Dame einen passenden Unterstand. Im Grunde ist die *Isabella* schuld daran, dass wir nun ein Museum führen«, erzählt die Betreiberin mit einem Augenzwinkern. »Geplant war eigentlich, dass wir an diesem Ort Boote überwintern. Das Gelände gilt nämlich als Wiege der *Fassmer*-Werft«, ergänzt Peter Humpe. 16 Fahrzeuge stehen mittlerweile in der renovierten Halle am Bardenflether Deich. »Die gehören natürlich nicht alle uns. Nach und nach haben sich immer mehr Besitzer mit ihren Schätzen bei uns eingemietet. Nun ist unsere Halle bis auf den letzten Platz belegt«, sagt Humpe.

Absoluter Hingucker ist ein rot-schwarzer *Horch/DKW*, hergestellt von einem der Pioniere des deutschen Automobilbaus, August Horch (1868–1951). Von diesem Modell, Baujahr 1935 mit 20 PS, existiert in Deutschland kein weiteres Exemplar. Aber auch zwei *Käfer*, einer davon sogar ein Cabrio, ein nostalgischer DDR-*Trabi* und ein *Wartburg* sind Publikumslieblinge. Und haben sich die Besucher an den Oldtimern sattgesehen, bietet Helga Becker Kaffee und selbst gebackenen Kuchen an.

Besichtigungen sind nach telefonischer Vereinbarung jederzeit möglich. Geöffnet ist das Museum jeden Sonntagnachmittag ab Mai. Jedes Jahr am zweiten Sonntag im November findet ein Weihnachtsmarkt statt, der gleichzeitig den Saisonabschluss fürs Museum bildet.

59

Klanginstallation
Sehnsuchtswesen
Kulturpfad Unsichtbare Sehenswürdigkeit in der Wesermarsch
Ende Rasmussenstraße
(Außendeich)
27809 Lemwerder
www.wattart.de/
unsichtbare.html

VOM LEBEN AM STROM

Unsichtbare Sehenswürdigkeit »Sehnsuchtswesen«

Bis zu 22 Meter misst ein ausgewachsener Grönlandwal. Kaum vorstellbar, dass im 17. und 18. Jahrhundert etliche Wesermärschler im Nordatlantik temporär auf Walfang gingen. An die Zeiten dieses recht blutigen und nicht ungefährlichen Knochenjobs erinnert die Skulptur *Sehnsuchtswesen*, die in Lemwerder am Ende der Rasmussenstraße direkt an der Weser zu finden ist.

Die Klanginstallation ist Teil der Reihe *Unsichtbare Sehenswürdigkeiten*, die von den lokalen Künstlerinnen Bärbel Deharde und Ute Extra entworfen wurde, um verschollenen Kulturgütern wieder Raum zu geben. Seit 2006 arbeiten die Nordenhamerin und die Butjadingerin an dem für die Region identitätsstiftenden Kulturpfad: Mithilfe sehenswerter und akustischer Skulpturen werden unter freiem Himmel Sichträume und Hörwelten geschaffen, in denen längst vergangene Ereignisse und vergessene Orte unseres Landstrichs erschlossen werden können.

Thema der akustischen Skulptur in Lemwerder sind die einstige Schiffsproduktion und die früheren Grönlandfahrten der Einheimischen. Schwerpunkte bilden der Kampf um die Existenz von Mensch und Wal, der Schiffsalltag in eisiger Kälte mit eiserner Disziplin und die Entwicklung der Werften. Vor Jahrhunderten hatten sich Boots- und Schiffsbauer am Ufer der Weser angesiedelt, die schon damals die Lebensader für die weitläufige Region bildete. Als Straße zur weiten Welt wurde sie in der Vergangenheit sowohl von der Industrie als auch von der Fischerei genutzt. Über die Jahre konnten sich die Betriebe etablieren. Eine breit angelegte Produktpalette, die vom Holz- über den Stahl- bis hin zum Aluminiumbau reichte, sorgte für volle Auftragsbücher.

Gehört der Walfang der Vergangenheit an, sichern noch heute die lokalen Werften dank innovativer Technologien und geschickter Marktpositionierung den Wirtschaftsstandort Wesermarsch.

An der Skulptur befindet sich ein Knopf, über den eine akustische Präsentation gestartet werden kann. Einfach draufdrücken, es lohnt sich!

60

Aussichtsturm »Weitblick« Lemwerder
Flughafenstraße
27809 Lemwerder

Gemeinde Lemwerder
Stedinger Straße 51
27809 Lemwerder
04216 7390
www.lemwerder.de

DEN WEITBLICK GENIESSEN

Aussichtsturm Weitblick

Lust auf ein bisschen Bewegung? Dann ist der 2009 errichtete Aussichtsturm an der Flughafenstraße in Lemwerder genau die richtige Adresse! Ich parke mein Auto bei der Fährstelle und laufe den restlichen Weg an der Weser entlang zu Fuß. Bei jedem Schritt, den ich mich meinem Ziel nähere, steigt mein Puls. Für jemanden mit Höhenangst stellt mein Vorhaben eine kleine Herausforderung dar. Schließlich sehe ich die 15 Meter große Stahlkonstruktion: Hoch oben auf dem Hügel am Weserdeich thront die puristische Stahlkonstruktion zwischen Yachthafen und dem Gewerbegebiet *Aero Mare*. Verfehlen kann man den Aussichtsturm wirklich nicht. Die Wesermärschler haben ihm den Namen »Weitblick« gegeben – und dem macht er alle Ehre.

Bevor ich den Aufstieg wage, setze ich mich auf eine der zahlreichen Bänke auf dem Deich und genieße die Ruhe mit Sicht aufs Wasser. Die Infotafeln zum Deichbau und zur Landschaftsgeschichte, die auf dem Areal stehen, hebe ich mir für später auf. Es wird Zeit: 64 Stufen, die in Form einer luftigen Wendeltreppe nach oben führen, warten auf mich. Mit ein bisschen Fantasie stelle ich mir vor, ich würde einen Leuchtturm erklimmen.

Nach den ersten 16 Gitterstufen gönne ich mir eine kurze Pause und stelle fest, dass es gar nicht so schlimm ist. Eine leichte Brise weht, und mit jedem Schritt wird die Aussicht besser: ins Binnenland mit seinen weiten Feldern, in Richtung Lemwerder mit seinen Werften, hinaus auf die Weser mit den Fähren und anderen vorbeiziehenden Schiffen sowie dem verträumten Bremer Stadtteil Vegesack auf der anderen Wasserseite. Von Höhenangst keine Spur mehr.

Stufe für Stufe, Runde für Runde setze ich meinen Weg fort, bis ich endlich oben bin und den Panoramablick bei 25 Meter über Normalnull auf mich wirken lassen kann. Dieser ist jede einzelne Stufe wert! Versprochen!

Wie wäre es mit einem Aufstieg bei Mondschein? Der Blick auf das beleuchtete Vegesack bietet sich vor allem in lauen Sommernächten an. Der Turm ist rund um die Uhr geöffnet.

61

Weser-Side-Gallery
Startpunkt:
Am Aussichtsturm
Flughafenstraße 9
27809 Lemwerder
www.farbflut-festival.de

Manchmal ist die Welt ganz bunt

Weser-Side-Gallery an der Spundwand

Seit Juli 2018 ist Lemwerder um eine Attraktion reicher. Die graue Hochwasserschutzwand an der Flughafenstraße wurde von zahlreichen Künstlern während des dreitägigen *Farbflut Urban Arts Festivals* in eine sehenswerte Open-Air-Galerie am Weserufer verwandelt. Auf gut einem Kilometer Länge und dreieinhalb Metern Höhe brachten rund 200 nationale und internationale Kreative ihre Ideen und Visionen auf den tristen Beton. Bunt leuchtend sorgen politische Statements, kleine Bildergeschichten, scharfe Sozialkritik und typisch norddeutsche Motive für reichlich Abwechslung.

Betrachtet man das Line-up, werden schnell die unterschiedlichen Kunstrichtungen deutlich. Action Painting, bei dem Farbe frei nach Laune an die Wand geschüttet wird und daraus etwas Unvorhergesehenes entsteht, findet sich an der Spundwand ebenso wieder wie Kalligrafie, Street Art und Malerei. Graffitis unterschiedlichster Stile runden die kreative Mischung ab. Konzeptionell durchdacht wirken die Stencil Graffiti. Hierbei werden die Kunstwerke über vorbereitete Schablonen exakt an die Wand gesprüht. Komplexe und detaillierte Formen lassen sich auf diese Weise schnell umsetzen.

Verwirklicht haben sich bei der Weser-Side-Gallery Künstler aus Berlin, Hamburg, Oldenburg, Köln, Leipzig, Dortmund, Hannover sowie aus Lemwerder. Aber auch Holländer, Franzosen, Kolumbianer und Neuseeländer haben ihre Spuren hinterlassen – ebenso wie der lokale *Stedinger Shanty Chor* und die Teilnehmer des Wasserprojektes vom örtlichen Gymnasium.

Man munkelt übrigens, dass die Weser-Side-Gallery der Berliner East-Side-Gallery als längste Freiluftgalerie Deutschlands den Rang abgelaufen hat. Genauso sehenswert wie das Hauptstadt-Pendant ist das Lemwerderaner Projekt aber auf jeden Fall.

Die Weser-Side-Gallery liegt direkt am Weserradweg. Einfach mal absteigen und ein paar bunte Minuten genießen!

62

Ochtum-Sperrwerk
Hafenstraße /
Hasenbürener Deich
27809 Lemwerder
Fischimbiss am Hafen
Hasenbürener Deich
27809 Lemwerder

DEN WASSERSTAND IMMER IM BLICK

Ochtum-Sperrwerk

Die 26 Kilometer lange Ochtum mündet bei Altenesch in die Weser und ist vor allem bei Wassersportlern beliebt. Um von einem Gewässer ins andere zu gelangen, muss man mit seinem Boot das Sperrwerk passieren, was dank der 20 Meter langen und acht Meter breiten Schleuse zügig geschieht.

Die Durchfahrtshöhe ist für Freizeitkapitäne immer ersichtlich. »Natürlich müssen wir die Lichtzeichen beachten. Als Faustregel gilt aber: Zwei Stunden vor und nach Hochwasser kann man bedenkenlos in die Ochtum einfahren«, erzählt ein Skipper vom benachbarten *Wassersportverein Strom*. Wie seines liegen zahlreiche Boote am Ufer des Wesernebenarmes, aufgereiht wie an einer Perlenschnur.

Jeweils zehn Meter breit sind die beiden Hubtore des 1979 eröffneten Ochtum-Sperrwerks. Innerhalb von sechs Minuten können diese bei Hochwasser geschlossen werden, um eine Überflutung der Landschaft zu verhindern. »Die Sperrhöhe liegt bei Normalnull plus 6,80 Meter. Das Werk wird im Verbund mit dem Lesum- und Huntesperrwerk betrieben und geschlossen, wenn Wind- oder Sturmfluten rund 40 Zentimeter über Normal auflaufen«, sagt Hans-Dieter Buschan vom Niedersächsischen Landesbetrieb für Wasserwirtschaft, Küsten- und Naturschutz.

Auch eine Radtour zum Bauwerk lohnt sich. Auf der Bremer Weserseite kann man bis in die Hansestadt weiterfahren. Von Lemwerder aus kommend, sieht man schon von Weitem den Sperrwerksturm, der in den Farben Rot und Blau in der Sonne glänzt. Nach dem Passieren der Fußgängerbrücke laden Holzbänke zum Picknick ein. Von hier hat man gute Sicht auf die Natur an beiden Uferseiten und das rege Treiben am Bootssteg. Anschließend kann man seinen Weg am Deich fortsetzen, vorbei an saftig grünen Wiesen, am Sportboothafen Hasenbüren weiter bis zur Schlachte.

Machen Sie ruhig einen längeren Stopp am Sperrwerk und genießen Sie ein Fischbrötchen beim Fischimbiss am Hafen.

WILSON
UMZU

VEGESACK

63

Museumshaven Vegesack
Zur Vegesacker Fähre
Alte Hafenstraße 27
28757 Bremen-Vegesack
www.charterkontor-vegesack.de

Hotel-Restaurant Havenhaus
Am Vegesacker Hafen 12
28757 Bremen-Vegesack
04216 64093
www.hotel-havenhaus.de

MARITIME TRADITION ERLEBEN

Museumshaven Vegesack

Der Bremer Weserkahn *Franzius*, das Plattbodenschiff *Jonkvrouw*, der Versuchskreuzer *Bremen*, der Krabbenkutter *Kormoran* und die *Gaffelketsch* haben mindestens zwei Dinge gemeinsam: Zum einen schippern alle schon einige Jahrzehnte über die regionalen Gewässer und zum anderen sind sie seit einigen Jahren im Vegesacker Museumshaven beheimatet. Insgesamt liegen rund 30 dieser Traditionsschiffe im Becken und prägen das Bild der über die Jahrzehnte gewachsenen maritimen Meile in Bremen-Nord.

Der künstliche Hafen wurde 1622/23 auf Initiative der Bremer Schiffergilde erbaut und ist damit der älteste seiner Art in Deutschland. Seit 2006 wird das Areal als Museumshaven genutzt. In den knapp vier Jahrhunderten zuvor bestimmte eine wechselvolle Geschichte den Standort und die wirtschaftliche Entwicklung des heutigen Bremer Stadtteils. An diesem Ort entstanden sowohl die Bremer *Grönland-Companie* im Jahr 1653 als auch die *Bremen-Vegesacker Fischerei-Gesellschaft* im Jahr 1895, die sich zeitweise als größte Heringsfischerei in Europa einen Namen machte.

Und wussten Sie, dass die Initiative zur Gründung der *Gesellschaft zur Rettung Schiffbrüchiger* von den Vegesacker Bürgern Carl Julius Adolph Kuhlmay und Friedrich August Adolph Bermpohl ausging? Der Advokat und der Navigationslehrer riefen 1860 zur Gründung eines privaten Seenotrettungswerkes auf und fanden schnell Mitstreiter. Schon damals zeichnete die maritime Verbundenheit die Region und ihre Bevölkerung aus. Das wird heute noch deutlich. Wer sich im Museumshaven umschaut, kann die Skipper bei der Arbeit beobachten. Sie pflegen ihre Schiffe mit viel Leidenschaft und Akribie. Das Beobachten der Manöver bei den Ein- und Ausfahrten bietet interessante Einblicke in die Seefahrttradition.

Wie wäre es mit einem Kaffee in der früheren Hafenmeisterei? Das heutige Hotel Havenhaus mit seiner schönen Terrasse und die dazugehörige Strandbude bieten eine erstklassige Aussicht auf vorbeifahrende Schiffe.

64

Restaurant/Kunst- und Kulturhof Kränholm
Auf dem Hohen Ufer 35
28759 Bremen-St. Magnus
04216 9212810
www.kraenholm.de

Moderne norddeutsche Küche

Restaurant und Kunsthof Kränholm in St. Magnus

Von der Fähre in Vegesack ist es ein Katzensprung und mit dem Fahrrad gut zu erreichen: Der Knoops Park in St. Magnus ist ein beliebtes Ausflugsziel im Bremer Norden. Lange Spaziergänge durch die historische Grünanlage machen zu jeder Jahreszeit Spaß. Seit 2011 bringt zudem der Kunst- und Kulturhof Kränholm frischen Wind ins Revier. »Unentdecktes entdecken«, eine Leitidee, die mich neugierig machte.

Das alte Anwesen versetzt mich unmittelbar in vergangene Zeiten. Die drei liebevoll restaurierten Gebäude schmiegen sich in die Kulisse alten Baumbestands. Jedes wirkt für sich und ist gleichzeitig Bestandteil des Naturschauplatzes. Überall zwischen dem weitläufigen Grün kann man Skulpturen bewundern. Als tauche man in eine andere Welt. Der leuchtend rote Backstein und die dunklen Balken des Haupthauses wirken bodenständig und edel zugleich – was sich auch im Interieur des Restaurants widerspiegelt. Das Entrée ist modern und zurückhaltend eingerichtet. Den Aperitif nehme ich an der Bar und schaue durch die weißen Sprossenfenster nach draußen – im gegenüberliegenden Kunstcafé ist aufgrund einer Vernissage reger Betrieb, einige Gäste spazieren durch den Garten.

Kränholm vereint Historie und Moderne unter einem Dach. Das wird auch beim Besuch des Restaurants deutlich. Die bodentiefen Fenster gewähren mir freie Sicht in den Park. Der Blick in die Menükarte verspricht einen besonderen Abend. Die Küchenchefs Christopher Ernst und Marcus Peters kreieren alte norddeutsche Gerichte mit moderner Raffinesse. Während im Kamin das romantische Feuer flackert, genieße ich die weiße Tomatenschaumsuppe sowie eine mit Perlgraupen, Wurzeln und Gremolata gefüllte Aubergine. Nun wird es endgültig deutlich: Kränholm steht für Kunst – auch auf den liebevoll angerichteten Menütellern.

Im Kunstcafé vereinen sich Galerie und Backstube unter einem Dach. Bereits in den Morgenstunden kann man wechselnde Gemäldeausstellungen bewundern und sich am Frühstücksbuffet bedienen.

65

Klosteranlage Hude
Von-Witzleben-Allee 1/1 a
27798 Hude
www.klosterhude.de
www.gutsverwaltung-von-witzleben.de

Führungen: Touristik-Palette Hude e.V.
04408 8090950
www.touristik-palette-hude.de

Die Wiege einer Gemeinde

Klosterruine Hude mit Museum und Schänke

Von der einstigen dreischiffigen Klosterkirche in Hude ist heute nur noch eine Ruine erhalten. Doch dieses Zeitzeugnis der Backsteingotik mit seinen ursprünglichen 57 Metern Länge und 24 Metern Breite sowie das gesamte Gelände sind eine kulturhistorische Rarität, ein Denkmal von nationaler und kultureller Bedeutung.

Das Kloster wurde im 13. Jahrhundert durch das Oldenburger Grafenhaus gegründet und von den Zisterziensermönchen betrieben. Nach Zerstörung der Anlage baute Graf Anton I. von Oldenburg das verbliebene Abthaus zum Jagdschloss um. Heute befindet sich hier das Herrenhaus der Familie von Witzleben, die sich um den Erhalt des Areals und das Andenken der Historie bemüht. Hand in Hand arbeiten sie mit dem Verein *Freunde des Klosters Hude e. V.* zusammen. Viele Ehrenamtliche betreuen das Museum und bieten Führungen an.

Das Museum, das auf dem ursprünglichen Kreuzgang des Zisterzienserstifts eingerichtet wurde, beherbergte den historischen Ballsaal der Klosterschänke. Nutzen Sie die Möglichkeit einer Führung durch die liebevoll gestaltete Ausstellung und über das weitläufige Areal. Zu sehen gibt es Modelle zur Baugeschichte, archäologische Funde, Nachbildungen von Schmuckkonsolen, Karten und Texte zur Geschichte der Zisterzienser. Besonders eindrucksvoll ist die Begehung der Ruine im Park von Witzleben.

Auch die anderen Gebäude des einstigen Konvents werden heute weiter genutzt: Aus der ehemaligen Torkapelle wurde die Huder Pfarrkirche, das ehemalige Brauhaus ist als Hotel und Restaurant Klosterschänke bekannt. In der Klostermühle bietet die Gemeinde mittlerweile Trauungen an.

Es besteht die Möglichkeit, die Ruine, den Park, das Erbbegräbnis der Familie und das Klosterensemble mit einer begleitenden Führung zu erkunden. Verbinden Sie den Besuch mit einem Abstecher zum knapp zwei Kilometer entfernten *Skulpturenufer*.

66

Urwald Hasbruch
Parken/Startpunkt Wanderung: Niedersächsische Landesforsten
Revierförsterei Hasbruch
Am Forsthaus 4
27798 Hude
www.hasbruch.de/landesforsten/foersterei

FriedWald Hasbruch
Linteler Straße
27798 Hude

EIN MEER URALTER EICHEN

Urwald Hasbruch

Die uralten Huteeichen nahe Hude wurden früher teilweise nach oldenburgischen Prinzessinnen benannt, unter ihnen auch die Friederiken-Eiche: Sie trägt den Titel »Königin des Hasbruch« und ist in dem Forstgebiet das letzte über 1.000-jährige Exemplar dieser Baumart. Ihr Alter wird auf etwa 1.200 Jahre geschätzt. Damit ist sie die zweitälteste Eiche in Deutschland.

Bereits seit 1938 steht eine Fläche von 29 Hektar als *Urwald Hasbruch* unter Naturschutz, seit 1997 der gesamte Hasbruch. Unter dieser Bezeichnung ist der Wald europaweit bekannt. Insgesamt unterstehen der Försterei etwa 6,3 Quadratkilometer geschlossenes Waldgebiet. Es zählt zu den größten Eichenrevieren in Norddeutschland und ist seit einigen Jahren als europäisches Fauna-Flora-Habitat besonderem Schutz unterstellt. Mehr als 1.500 unterschiedliche Tier- und Pflanzenarten beheimatet der Forst, darunter zahlreiche über 200 Jahre alte Eichen. Ihre Nuss-Früchte bilden eine wichtige Nahrungsquelle für Wildtiere wie Eichhörnchen, Baummarder, Rehe und Vögel. Sie bieten Hunderten von Käfer-, Schmetterlings- und Insektenarten sowie Fledermäusen Unterschlupf und Lebensraum.

Gruppenführungen durch das Gehölz werden von Gästeführern der Gemeinden Ganderkesee und Hude angeboten. Besuchen Sie den Urwald und wandern Sie auf den Spuren des Eremitkäfers, der in den zerfallenen Eichen seine Heimat findet.

In der Nähe der Revierförsterei zwischen Bremen und Oldenburg befindet sich auch der Friedwald Hasbruch. Die Kulisse an einem idyllischen See inmitten alter Waldbestände und zierlicher Jungbäume wirkt kontemplativ. Ein Ort der Ruhe.

Ein zwölf Meter hoher Aussichtsturm am Falkenburger Weg bietet einen eindrucksvollen Blick auf die renaturierte Brookbäke und die Jagdhüttenwiese.

67

Schwarzlichtgolf
Laser Tag Arena
Ammerländer Heerstraße 246
26129 Oldenburg
0441 77798011
schwarzlichtgolf-oldenburg.de

MIT DEM DINO AUF AUGENHÖHE

Schwarzlichtgolf in 3-D

Sind Sie auch schon mal an einem verzwickten Hindernis gescheitert? Manchmal ist es gar nicht so einfach, die Parcoursklassiker – Netz, Vulkan oder Salto – mit maximal sechs Schlägen zu bezwingen. Der kleine bunte Ball verfügt scheinbar über einen eigenen Willen und rollt garantiert nicht in die gewünschte Richtung. Rund 4.000 Minigolfbahnen gibt es in Deutschland – darunter in Oldenburg eine modifizierte Variante des beliebten Freizeitvergnügens, die den Spielern bei Schwarzlicht einen 3-D-Effekt beschert.

Die Spielarena mit ihren mehr als 550 Quadratmetern ist in verschiedene Themenwelten unterteilt. 18 Bahnen entführen einen vom All ins faszinierende Reich unter Wasser. Riesige Schildkröten und farbenprächtige Fische in allen Größen nehmen Form an, sobald man die 3-D-Brille aufsetzt und zu spielen beginnt. In einem dritten Raum begegnet man Dinosauriern auf Augenhöhe – aber keine Sorge, die beißen garantiert nicht. Hohe Hindernisse aus Lava, Korallen und Felsbrocken gilt es zu bezwingen, damit der Ball ins Loch kullert. Die Regeln sind denen des regulären Minigolf ähnlich. Nur ist beim Schwarzlichtgolf nach dem fünften Versuch auf einer Bahn Schluss und man bekommt einen zusätzlichen Strafpunkt. Als Sieger verlässt derjenige den Platz, der die geringste Anzahl an Schlägen für alle 18 Bahnen benötigt hat.

Auch ich versuche mein Glück: Bahn Nummer vier bringt mich bereits zum Verzweifeln. Das Ziel befindet sich oben im Vulkan, doch entweder verhindert der gefährlich aussehende Dinosaurier, der direkt neben der Bahn kampflustig um die Ecke linst, oder der zu bezwingende Lavastrom ein Durchkommen. Jeder Schlag, der danebengeht, macht mich nervöser. Der fünfte Versuch sitzt endlich – und ich darf wieder in die schillernde Unterwasserwelt eintauchen.

Ein einzigartiger Laserparcours lässt sich in der Arena ebenfalls bezwingen. Fühlen Sie sich einmal wie Ethan Hunt aus *Mission Impossible* und weichen Sie den Hindernissen geschickt aus.

68

Horst-Janssen-Museum Oldenburg
Am Stadtmuseum 4–8
26121 Oldenburg
Kasse: 0441 2352885
www.horst-janssen-museum.de

EIN GANZES LEBEN AUF DREI ETAGEN

Horst-Janssen-Museum

Er zählt zu den prägenden deutschen Zeichnern, Grafikern und Literaten des 20. Jahrhunderts: Horst Janssen. Seine Heimatstadt Oldenburg widmete seinem Leben und Schaffen ein nach ihm benanntes Museum.

Die Dauerausstellung auf drei Ebenen zeigt zahlreiche Originalarbeiten des 1995 verstorbenen Künstlers, die in regelmäßigen Abständen ausgetauscht werden. »Dadurch können wir unseren Besuchern stets andere Seiten und Werke des Oldenburger Ehrenbürgers zeigen. Viele sind erstaunt, dass sie immer wieder etwas Neues entdecken können, obwohl sie schon mehrmals die Ausstellung besucht haben«, erzählt die Museumsleiterin Dr. Jutta Moster-Hoos. Auf einer der Etagen sind Zeichnungen, Radierungen, Lithografien und Holzschnitte zu sehen. Ob Selbstporträts und Bildnisse anderer, Stillleben, Erotik oder Landschaften – die Mischung ist bunt und zeigt die gesamtheitliche Entwicklung der Persönlichkeit Janssen. »Das Haus versteht sich zudem als Museum für Zeichnung und Druckgrafik. Spannende Positionen aus der Kunstgeschichte und der Gegenwart werden präsentiert – häufig von Künstlern und Künstlerinnen, die in ihren Arbeiten ganz andere Wege als Janssen beschreiten«, erläutert Dr. Jutta Moster-Hoos.

Im Verlauf der Woche werden unterschiedliche Rundgänge angeboten. Wer seine Mittagspause gerne einmal nicht in der Kantine verbringen möchte, dem sei die Kurzführung *Mittags im Museum* ans Herz gelegt. Alle, die lieber nach Feierabend auf Kultur setzen, können an abendlichen Besichtigungen teilnehmen. Das Schöne im Horst-Janssen-Museum ist, dass man als Besucher selbst kreativ werden kann – sowohl in der Ausstellung als auch bei unterschiedlichen Workshops, beim Zeichnen, Lettering und Drucken.

Wer einfach einen Kaffee trinken möchte, kann sich im *Café Farbwechsel* im Foyer des Museums verwöhnen lassen. Im Sommer sitzt man auch wunderbar draußen.

69

Straßenkrimi Oldenburg
Einsatzzentrale
Bahnhofsplatz 2 a
26122 Oldenburg
0441 3404593
www.strassenkrimi.de

DEM TÄTER DAS HANDWERK LEGEN

Live-Rollenspiel Straßenkrimi durch die Innenstadt

Eben noch hat er große Deals eingefädelt, jetzt ist er mausetot: Nachdem der Bauunternehmer Janssen von seiner Frau gefunden wurde, deutet zunächst alles auf einen Raubmord hin – schließlich hat der Täter offenbar eine wertvolle Schmucksammlung mitgehen lassen. Doch irgendetwas stimmt nicht. Das Opfer hatte ziemlich viele Feinde. Wer ist außerdem die attraktive junge Frau, die er kurz vor seinem Ableben getroffen hat? Der rätselhafte Fall wirft immer mehr Fragen auf. Und wer kümmert sich nun um die Antworten? Na, Sie!

Aber keine Sorge, Sie müssen die Ermittlungen nicht alleine stemmen: Gemeinsam mit Ihrer SOKO sollte es gelingen, den Mörder zu stellen – wenn Sie Beweise sammeln, die Zeugen mit schlauen Fragen konfrontieren und klug kombinieren.

Der *Straßenkrimi Oldenburg* ist eine Detektivschnitzeljagd für Erwachsene. Vier unterschiedliche Fälle bietet Heiko Sakel, Inhaber der Agentur und Kopf des Straßenkrimis, für die Ermittlungen an – einer davon ist *Der Baulöwe hat ausgebrüllt*. Das Besondere am Live-Spiel: Die Geschichten führen die SOKO quer durch die Oldenburger Innenstadt. Die Rollen der Zeugen übernehmen Laienschauspieler – am Eingang eines Modegeschäftes, beim Optiker oder auch in einem Café. Ist das nicht eigenartig für die Freizeitdetektive? »Spätestens nach der zweiten Zeugenbefragung haben sie sich mit ihrer Figur identifiziert«, sagt Heiko Sakel. Dafür sorgt wahrscheinlich auch die perfekte Ausstattung der SOKO. Von der Einsatzleitung werden nicht nur die Ermittlungsakte, Visitenkarten und Dienstausweise verteilt, sondern auch ein Handy. Schließlich kann es sein, dass Zeugen nach der Befragung noch etwas einfällt.

Der Fall des Baulöwen nimmt übrigens eine überraschende Wendung. Welche das ist? Dafür müssen Sie schon selbst einen Blick in die Akte werfen …

Bei den Ermittlungen ist Spontanität gefragt, bei der Anmeldung sollte man sich nicht darauf verlassen: Buchen Sie rechtzeitig online!

70

Schlossgarten Oldenburg
Gartenstraße 37
26122 Oldenburg
0441 9558957
www.schlossgarten-ol.de

DAS GRÜNE HERZ DER STADT

Schlossgarten

Das dunkelrote Kleid sitzt dezent auf der Taille, der Rock schwingt dank seiner Falten leicht hin und her. Es scheint, als wären wir im 19. Jahrhundert gelandet. Der schwarze Hut mit rotem Satinband verleiht der Concierge die nötige Autorität, schließlich führt sie uns durch den imposanten Schlossgarten des einstigen Oldenburger Herzogs Peter Friedrich Ludwig.

Während der historischen Führung durch das grüne Herz der Huntestadt erfährt man viele interessante Details über die Entwicklung der Grünanlage ab 1809 und die damaligen Umstände. Manche Anekdote bringt die Gruppe zum Schmunzeln. Auch botanisches Wissen kann die Dame, die mit strengem Auge über den Park wacht, weitergeben. Man könnte meinen, sie hätte häufiger tiefgehende Fachgespräche mit dem Hofgärtner geführt, der Ende des 19. Jahrhunderts für die Pflege der Oase zuständig war.

Auch ohne Führung macht ein Spaziergang durch den Schlossgarten Spaß. Wer im Grünen entspannen möchte, findet eindrucksvolle alte Bäume, weitläufige Rasenflächen, verspielte Wasserläufe und farbenfroh arrangierte Blumenbeete. Der über 200 Jahre alte Park, der seit 1978 unter Denkmalschutz steht, verdankt seine Existenz einer Idee des Herzogs. Dieser wollte einen Kontrast zu den einst beliebten französischen Barockanlagen schaffen. Auf 16 Hektar Fläche wurde deshalb eine Landschaft im englischen Stil angelegt, die weitestgehend bis heute erhalten geblieben ist.

Der Schlossgarten ist ganzjährig für Besucher geöffnet. Von April bis September kann man noch spät lustwandeln, in den übrigen Monaten schließen die Tore mit Einbruch der Dunkelheit. Sehenswert sind neben dem Baumbestand auch die historischen Gebäude, wie der Teepavillon, das Winterhaus und der Heuschober.

Der Küchengarten wird heute auf traditionelle, ökologische Weise bewirtschaftet. Während Veranstaltungen ist er der Öffentlichkeit zugänglich. Termine findet man auf der Website.

71

Café Blätterteich
Alexanderstraße 412
26127 Oldenburg
0441 99878040
www.blaetterteich.de

KAFFEE MIT BLICK AUFS WASSER

Café Blätterteich

Das einstige *Kaffeehaus zum Bürgerbusch* war bereits um 1900 bei Durchreisenden von und nach Metjendorf, Bauern auf ihrem Weg zum Markt sowie Ausflüglern als Rastplatz beliebt. Zur Jahrtausendwende musste das Lokal schließen und wurde im Jahr 2012 unter der Leitung von Heike Kröger und Ubbo de Witt mit dem klangvollen Namen *Blätterteich* neu eröffnet.

Das historische Bauernhaus liegt idyllisch an einem Teich, umgeben von altem Baumbestand. An warmen Tagen kann man seinen Kaffee und regionale Spezialitäten auf der Terrasse und in dem weitläufigen Garten mit Blick auf das Wasser zu sich nehmen. Vom Wintergarten aus hat man selbst bei ungemütlichem Wetter eine traumhafte Aussicht in die Natur. Zu genießen gibt es kleine, feine Speisen à la carte, frei von Zusatzstoffen und Convenienceprodukten. Die Küche punktet bei den Gästen mit bodenständigen Rezepten, viel frischem Gemüse und saisonalen Zutaten von regionalen Lieferanten.

Familien mit Kindern sind herzlich willkommen: Das verständnisvolle Personal – sie werden auch »die fliegenden Blätter« genannt – empfiehlt für die Jüngsten fluffige Apfelpfannkuchen, cremigen Milchreis oder klassische Nudeln mit Tomatensoße. Wer sich gleich zu Beginn des Tages vom Team des Cafés verwöhnen lassen möchte, sollte einen Blick in die umfangreiche Frühstückskarte werfen. Sie liegen gerne mal etwas länger im Bett? In dem Fall empfiehlt Heike Kröger das beliebte Langschläferfrühstück. Dieses wird zwischen 12 und 14 Uhr als Etageren-Gedeck am Tisch serviert und bedient sowohl den süßen als auch den herzhaften Gaumen. Bekannt ist das *Blätterteich* übrigens für seine herzhaften Blätterteigvariationen. Wechselnde Wochenangebote ergänzen die reguläre Speisekarte mit zusätzlichen Schmankerln.

Mit dem großen Garten und reichlich Platz zum Spielen und Toben ist das Café *Blätterteich* vor allem im Sommer eine beliebte Anlaufstelle für Familien.

12

TeamEscape Varel
Schloßstraße 4
26316 Varel
04451 9685223

DEM GEHEIMNIS AUF DIE SPUR KOMMEN

Team-Escape Varel

Was für ein Albtraum: Ein Krankheitserreger bedroht die Menschheit! Es gibt zwar einen Wissenschaftler, der weiß, wie man einen Impfstoff herstellt, doch der ist spurlos verschwunden. Werden Sie es schaffen, die *Hofman-Formel* zu entschlüsseln und die Erdbevölkerung zu retten? Es bleibt Ihnen nur exakt eine Stunde Zeit!

Haben Sie sich schon einmal auf das Abenteuer eines Escape-Spiels eingelassen? Falls nicht – darum geht es: Gemeinsam mit Ihrem Team befinden Sie sich in einem mysteriösen Raum, hinter dem eine bestimmte Geschichte steckt. Plötzlich schließt sich die Tür. Nun müssen Sie Hinweise richtig deuten und viele kleine Rätsel lösen, bis Sie endlich den Schlüssel finden und die Tür zur Freiheit wieder öffnen können. Die Uhr tickt, und ein Wettlauf mit der Zeit beginnt …

Und diesen Wettlauf haben die Köpfe hinter *TeamEscape Varel* originell umgesetzt. Alle Gegenstände in den Räumen können (und sollten!) genau untersucht werden. Schließlich weiß man nicht, ob die Zahl auf einem Notizblock wichtig sein könnte oder sich in einer Schublade nicht der nächste Tipp versteckt.

Im Raum zur Geschichte um Marianne von Eigelstein finden sich die Spieler in deren schummerigen Büro wieder, das aussieht, als hätte die fiktive Schatzjägerin es gerade erst verlassen: Bücher stapeln sich auf einem Schreibtisch, daneben steht ein Schachbrett, an der Wand hängt eine alte Weltkarte.

Nichts für schwache Nerven ist *Die Zelle*: Die Spieler starten in einer Gefängniszelle in *Block B*. Gitterstäbe aus Eisen, grelles Neonlicht, eine unbequeme Pritsche, ein Spind und ein Waschbecken – viel mehr gibt es nicht. Wo sollen sich in dieser kargen Kulisse bloß Hinweise auf den Schlüssel verstecken? Keine Sorge: Es gibt sie! Man muss sie nur aufmerksam suchen. Aber schnell, die Uhr tickt …

Bringen Sie Neugier mit! Und falls Sie gar nicht weiterkommen: Die Spielführer verfolgen alles auf einem Monitor und geben auch schon mal einen kleinen Tipp, wenn Sie komplett auf dem Holzweg sind …

78

Schlafstrandkorb Dangast
(Mai–September)
Information/Buchung:
Strandcampingplatz
Auf der Gast 40
26316 Varel-Dangast
04451 911422
www.dangast.de/strandcampingplatz-nordsee-dangast.html

UNTERM STERNENHIMMEL ÜBERNACHTEN

Schlafstrandkorb in Dangast

Den Sand durch die Finger rieseln lassen, in den Sternenhimmel gucken, dem Wellenrauschen lauschen – und dabei entspannt einschlafen. Das geht nicht? Doch, in Dangast ist das möglich. Dort vermietet der Campingplatz einen Schlafstrandkorb. Das Besondere: Während die anderen Gäste abends die Sonnenschirme zuklappen, ihre Badehandtücher einrollen und die Küste in Flip-Flops verlassen, bleiben Sie einfach da!

Ausgestattet ist der Strandkorb mit allem, was man für eine bequeme Übernachtung benötigt. Die Liegefläche ist rund 1,40 Meter breit, links und rechts gibt es kleine Bullaugen zum Rausgucken, und das Bett kann hochgeklappt werden, um Kleinigkeiten zu verstauen. Mitbringen sollten Sie Schlafsäcke und Dinge, die man an einem Tag am Meer benötigt – zum Beispiel Sonnenschutz und eine Kopfbedeckung.

Der Strandkorb steht an einem ruhigen Küstenabschnitt zwischen dem DLRG-Stelzengebäude und dem Campingplatz. Wetterfest ist die Übernachtungsmöglichkeit auch: Das Gestell ist aus Holz, das Geflecht aus Kunststoff. Praktisch: Wer genug vom Sternenhimmel hat oder vom norddeutschen Schietwetter überrascht wird, kann das Faltdach zuziehen. Die Schlafstätte ist von außen verschließbar, das Verdeck kann man von innen einhaken. Und die Bullaugen haben Klappen – praktisch als Sicht- und Sonnenschutz.

Aber warum sollten Sie den Sichtschutz benötigen? Die Lage ist herrlich! Von hier aus schaut man auf den Jadebusen, Richtung Wilhelmshaven und auf die Nordsee hinaus. Die Aussicht ist vor allem morgens schön, wenn der Strand noch menschenleer ist, die ersten Möwen ihre Kreise ziehen und die Sonne langsam über dem Meer aufgeht. Auch wenn der frühe Vogel nicht Ihr Freund ist – an diesem Lieblingsplatz sollten Sie nicht zu lange schlafen, sonst verpassen Sie das Beste!

Der Schlafstrandkorb kann von Mai bis September gebucht werden. In Laufweite befinden sich diverse gastronomische Angebote. Einfach am Strand entlang Richtung Dorf gehen!

74

Kurhaus Dangast
An der Rennweide 46
26316 Varel-Dangast
04451 4409
www.kurhausdangast.de

WATTENMEER BEI FRIESENTEE

Kurhaus Dangast

»Genau hier« mochte sich Graf Gustav Friedrich Wilhelm Bentinck damals gedacht haben. »Das ist der perfekte Platz für meine Sommerresidenz« – leicht erhöht auf einem Geestrücken, mit Aussicht über den Jadebusen und das Wattenmeer.

In dem Gebäude, in dem ab 1800 Adlige ihre Sommerfrische verbrachten, treffen sich heute Gäste aller Couleur zum Klönen bei einer Kanne Friesentee oder einem Pott Kaffee. Das Kurhaus wird seit 1884 als Familienbetrieb geführt, derzeit bewirtet die fünfte Generation die Gäste mit traditionellen, selbst gemachten Speisen und Kuchen. Auf Schnickschnack wird dabei verzichtet: Gegessen wird an dunklen Holztischen, an den Wänden hängen maritime Motive, hohe Fenster geben den Blick frei auf den heimlichen Star: das glitzernde Wattenmeer.

Nachmittags zieht der Duft von Kuchen durch die Gasträume – da ist jeder Widerstand zwecklos. Aber nicht nur zur Kaffeezeit lohnt sich ein Besuch: Zum Frühstück wird selbst gebackenes Brot serviert, mittags gibt es unter anderem Fisch aus der Pfanne, Bratkartoffeln oder Rouladen und im Winter deftigen Grünkohl. Von Frühjahr bis Herbst braucht man manchmal etwas Glück, um einen Platz drinnen oder draußen zu ergattern.

Mit dem alten Grafen sind die heutigen Besitzer übrigens nicht verwandt. Ein Jahrhundert, nachdem das Gebäude erbaut worden ist, ging die gesamte Kuranlage an die Familie Gramberg, ihre Vorfahren. Und den Hauch des Elitären hat das Kurhaus längst abgelegt – spätestens seit der edle rote Teppich Mitte der 1970er-Jahre aus den Gasträumen ausziehen musste. Heute ist das Lokal ein Treffpunkt für alle, die eine ungezwungene Atmosphäre, frisch gebackenen Kuchen und eine Tasse Friesentee lieben. Und eine Schwäche für den heimlichen Star haben – das glitzernde Wattenmeer …

Der Rhabarberkuchen, heiß aus dem Ofen serviert, ist eine Legende – probieren Sie unbedingt ein Stück!

75

Franz Radziwill Haus
Sielstraße 3
26316 Varel-Dangast
04451 2777
www.radziwill.de

IM ATELIER AUF SPURENSUCHE GEHEN

Franz-Radziwill-Haus in Dangast

Welche Auswirkungen hat die Technik auf Mensch und Natur? Diese Frage beschäftigte Franz Radziwill und sie spiegelt sich in vielen seiner Bilder wider. Als Ort für sein Schaffen wählte der Maler jedoch nicht etwa die pulsierende Stadt, sondern ein abgeschiedenes Dorf am Jadebusen: Insgesamt 60 Jahre, bis zu seinem Tod 1983, lebte Franz Radziwill mit seiner Familie in einem kleinen Backsteinhaus an der Dangaster Sielstraße und arbeitete dort an seinen Werken. Heute ist das Domizil eine »gemauerte Künstlerbiografie«, wie es die Franz-Radziwill-Gesellschaft beschreibt. Sie hat das Gebäude für die Öffentlichkeit zugänglich gemacht und außen wie innen im ursprünglichen Zustand erhalten.

Als Radziwill das Fischerhaus 1923 kaufte, sah es noch ein bisschen anders aus. Der gelernte Maurer baute es nicht nur um, sondern erweiterte es auch – unter anderem um den heutigen Ateliertrakt. Für die Küchenwände sammelte er friesische Kacheln, auch die Möbel entwarf und bemalte er selbst. In seiner Werkstatt liegen noch heute Pinsel und Palette, gleich daneben hängt sein Malerkittel – fast, als wäre Radziwill nur kurz in die Küche gegangen, um mit Frau und Tochter Tee zu trinken.

Radziwill interessierte sich für den technischen Fortschritt und malte gerne Stahlbrücken, Kräne und Industriegebäude. Der in Strohausen in der Wesermarsch geborene Künstler wurde aber auch von der ländlichen Umgebung des Fischerdorfes inspiriert. Nachvollziehbar: Nach einem langen Strandspaziergang durch Dangast bei ordentlichem Gegenwind bekommt man bei einem heißen Tee mit Kluntjes bestimmt die besten Ideen. Wie sagte Franz Radziwill es selbst so schön? »Hier habe ich einen hohen Himmel … Schon das Hinaustreten aus meinem Haus kann eine Welt von Bildern in Bewegung setzen.«

Falls Sie sich vertieft über den Maler informieren möchten: Die Franz-Radziwill-Gesellschaft hat ein umfangreiches Archiv aufgebaut.

76

Neuenburger Urwald
Urwaldstraße 55
26340 Zetel

UNTER BAUMKRONEN AUFTANKEN

Neuenburger Urwald

Äste knacken unter meinen Schuhen, Blätter rascheln in den Baumkronen, die feuchte Erde verströmt einen würzigen Duft: Bei einem Rundgang durch den Neuenburger Urwald kann ich perfekt abschalten. Der Mischwald befindet sich mitten in einem Naturschutzgebiet, ist mehr als 48 Hektar groß und erzählt eine lange Geschichte. Die mächtigen Eichen sind bis zu 800 Jahre, die knorrigen Hainbuchen bis zu 300 Jahre alt.

»Mit dem Knotenpunktsystem können Sie sich praktisch nicht verlaufen«, hat ein Wegweiser am Parkplatz versprochen. »Ziemlich optimistisch« habe ich noch gedacht, als ich an einer Holzbank vorbei ins Gehölz gegangen bin. Nach rund einer Stunde stelle ich fest: Es stimmt tatsächlich. Die Wege zwischen den einzelnen Punkten sind nicht allzu lang, man kann sie beliebig kombinieren und auch mal spontan eine Abkürzung wählen.

Alleine bin ich übrigens nicht. Mehr als 700 Käferarten flitzen durchs Unterholz, und rund 30 Brutvogelarten flattern zwischen den Ästen hin und her.

Und warum heißt der Forst nun Neuenburger *Urwald*? Ganz einfach, weil es Pfade durch reinen Naturbestand gibt! Der Wald wird komplett sich selbst überlassen – nicht einmal kranke oder tote Bäume werden gefällt. Über die abgestorbenen Holzgewächse freut sich insbesondere ein Bewohner, der Mittelspecht, der sie als Nahrung oder Bruthöhlen nutzt. Den anschließenden Job, das Holz zu zerlegen, übernehmen andere: Pilze helfen, die zähen Fasern zu zersetzen.

Dicke Stämme, die langsam verwittern, verschlungene Pfade, die mit bunten Blättern bedeckt sind, und moosbedeckte Eichen, die ein dichtes Baumkronendach bilden – man fühlt sich tatsächlich ein bisschen wie im Urwald.

Sie möchten gerne ein Erinnerungsfoto schießen? Das geht am besten im Eingangsbereich: Dort wurde ein großer Bilderrahmen aus Holz aufgestellt – extra für Sie, mit dem Wald als Kulisse.

77

Deutsches Marinemuseum
Südstrand 125
26382 Wilhelmshaven
04421 400840
www.marinemuseum.de

ABTAUCHEN IN DIE GESCHICHTE

Deutsches Marinemuseum

Durch einen engen Schacht erreiche ich über eine Stahlleiter die Kommandozentrale unter Deck. Links erkenne ich ein Barometer, rechts warten unzählige Schalter und Hebel auf ihren Einsatz. An der tiefen Decke führen Rohre an Neonlampen vorbei, die den schmalen Gang schwach beleuchten. Zehn Minuten später gelange ich wieder an die frische Luft, froh über das Geschrei der Möwen und den Blick über den Hafen.

Zwischen 1967 und 1993 lag das Unterseeboot U10 in Kiel und später in Eckernförde, immer bereit, mit seiner rund 20-köpfigen Besatzung die NATO-Nordflanke – also die norwegische Küste – zu schützen. Heute ist der mehr als 450 Tonnen schwere Stahlkoloss eines von vier Schiffen, die Besucher im Außenbereich des Deutschen Marinemuseums besichtigen können.

Wo könnte man der Militärgeschichte auf See besser nachspüren als in Wilhelmshaven? Die Stadt ist heute der größte Marinestützpunkt des Landes und besitzt eine lange Historie. Wilhelm I. kaufte dem Großherzogtum Oldenburg ein rund 300 Hektar großes Land ab und gab den Bau des ersten preußischen Standorts für Seestreitkräfte in Auftrag. Im Juni 1869 verlieh der Preußenkönig und spätere Kaiser Wilhelmshaven seinen heutigen Namen. Falls Sie sich auch schon einmal gefragt haben, warum die Stadt um Himmels willen mit »v« statt mit »w« geschrieben wird: Dies ist die niederdeutsche Schreibweise – damals höchstpersönlich vom Chef, also Wilhelm I., genehmigt.

Der Innen- und Außenbereich des Museums informiert wissenschaftlich fundiert über die 170-jährige deutsche Marinegeschichte. Zu ihr gehören ein marinebegeisterter Kaiser, meuternde Matrosen und zwei deutsche Flotten, die 1990 vereint wurden.

Und wenn Sie ein Gefühl für die harte Arbeit auf See bekommen möchten: Erkunden Sie das Außengelände und steigen Sie hinauf auf das Schnellboot S71 – und unbedingt auch hinab in das U-Boot U10.

Direkt am Marinemuseum vorbei führt der Südstrand, eine Promenade mit vielen Cafés und Restaurants. Von Mai bis September säumen bunte Strandkörbe den vorgelagerten Badestrand.

78

Soulshine Fabrik
Rheinstraße 36
26382 Wilhelmshaven
0174 6004185
www.soulshinefabrik.de

ALTES HANDWERK IN NEUEM DESIGN

Kunst- und Möbelwerkstatt Soulshine Fabrik

»Wenn man nix tut, tut sich auch nix«, steht in großen schwarzen Lettern auf dem weißen Poster in der *Soulshine Fabrik*. Die Geschwister Annemarie und Felix Rasche tun eine Menge, zusammen sind sie die Inhaber des Ladens – einer Kombination aus Werkstatt und Geschäft für Möbel im Vintage- und Industrie-Design.

Beide haben in den Niederlanden an der Akademie für Popkultur Design studiert und sind anschließend zurück nach Wilhelmshaven gekommen. Felix Rasche ist gelernter Tischler, Annemarie hat während der Hochschulausbildung ihr Herz an alte Drucktechniken verloren. Für beide ist die *Soulshine Fabrik* der ideale kreative Spielplatz.

Annemarie leitet Workshops im Siebdruck und mit einer Letterpressmaschine. Regelmäßig bietet sie außerdem »Raubdruck«-Streifzüge durch Wilhelmshaven an – dabei werden Stoffe mit Motiven von Gullydeckeln bedruckt. Das klingt nicht ganz legal? Ist es aber! Die Farbe ist umweltfreundlich und wird von den kreativen Raubdruckern anschließend sorgfältig wieder abgewaschen.

In der Zwischenzeit ist Felix europaweit auf der Suche nach alten Möbeln und ausgemusterten Industriemaschinen, um sie aufzuarbeiten, umzubauen und ihnen seinen Stempel aufzudrücken. Dadurch entstehen aus französischen Eisenbahnwaggonbohlen Tische, und aus einer Schuhputzmaschine wird ein Sideboard. Drei Dinge haben alle Objekte gemeinsam: Sie sind robust, funktionieren – und sind Unikate.

Und wie sind die beiden auf den Namen *Soulshine Fabrik* gekommen? Die Geschwister machen seit vielen Jahren zusammen Musik – als Duo *Annie Soulshine*. Das tun sie übrigens auch weiterhin. Manchmal werden deshalb im Laden Möbel zur Seite geschoben und Lautsprecher eingestöpselt – dann finden kleine Konzerte statt. Warum soll man Kreativität auch auf einen Bereich beschränken?

Informationen über die »Geheimkonzerte« in der *Soulshine Fabrik* gibt es per Newsletter. Anmelden und informieren kann man sich auf der Website.

79

MORGÆN Café
Marktstraße 95
26382 Wilhelmshaven
04421 21668

Lieblingsplatz mit Flair

MORGÆN Café

Dunkelgraue Wände, viel Holz, ein weiches Ledersofa vor einer großen Fensterfront, dazu der Duft von Kaffee und frisch gebackenem Kuchen – betritt man das *MORGÆN Café*, reibt man sich verwundert die Augen. Ist man in Berlin-Friedrichshain oder Hamburg-Ottensen gelandet? Ist man nicht! Das Café befindet sich mitten in der Wilhelmshavener City.

»Wir wollten einen Ort schaffen, den wir bis dahin vermisst haben«, sagt Heike Fürstenwerth. Gemeinsam mit ihrem Mann und den beiden Kindern zog sie aus Nürnberg zurück an die Küste, um das Hotel ihrer Eltern zu übernehmen. Von Anfang an war klar, dass sie es in ihrem Stil weiterführen würde, quasi als Haus Fürstenwerth 2.0. Daher entstand die Idee, den ehemaligen Frühstücksraum in ein wunderbares Café zu verwandeln. Das machte die Familie dann auch – ohne Kompromisse und mit Liebe zum Detail. Praktisch: Als studierte Innenarchitektin hatte die Chefin eine genaue Vorstellung davon, wie ihr künftiger Lieblingsplatz aussehen sollte.

Das Herz für die kleinen, wichtigen Dinge, die dafür sorgen, dass man das Café gerne einem Freund empfiehlt, schlägt in allen Bereichen. Da wäre zunächst die Herzlichkeit der Gastgeber. Man ist offen, freundlich, hilft gerne bei der Bestellung weiter – und hat immer Zeit für einen kurzen Schnack. Bei der Auswahl der Lebensmittel werden zudem keine Kompromisse gemacht. Verarbeitet werden fast ausschließlich regionale Produkte, es gibt selbst gebackene, zum Teil vegane Kuchen und Torten sowie mittags eine Auswahl an frischen Bowls und anderen kleinen Speisen. Der Kaffee hat Barista-Qualität und wird mit Latte-Art serviert.

Wie schön, dass Heike Fürstenwerth bei ihrer Rückkehr aus Bayern zunächst einen fabelhaften Lieblingsplatz vermisste. Das Ergebnis ist ein Lieblingsplatz für alle und ein kleiner Glücksfall für Wilhelmshaven.

Bestellen Sie Bananenbrot (gibt's auch zum Mitnehmen) und einen *Flat White*. Heike Fürstenwerth: »Der schmeckt wie ein starker Cappuccino, hat aber noch etwas mehr Rums.«

80

Küstenmuseum Wilhelmshaven
(Februar–November)
Weserstraße 58
26382 Wilhelmshaven
04421 400940
www.kuestenmuseum.de

SICH WIE EIN DEICHARBEITER FÜHLEN

Küstenmuseum Wilhelmshaven

»Ziemlich unbequem« – das ist mein erster Gedanke, als ich die schweren Deicherstiefel überziehe. Am Fuß aus Holz, vom Knöchel bis zum Knie aus dünnem Leder, waren sie so etwas wie ein Vorläufer der Gummistiefel. Während ich die Schuhe schnell wieder ausziehen kann, standen die Arbeiter im 17. Jahrhundert damit stundenlang in der Feuchtigkeit, schleppten Kleiboden, stachen Soden und klopften Grasflächen fest. Eine harte Arbeit, jedoch ungemein wichtig: Deiche und Siele schützen bis heute die Küstenbewohner vor den Gefahren des Meeres.

Doch wie genau waren die einstigen Baustellen organisiert? Was passierte in der Region vor 14.000 Jahren? Und wann machten die Piraten die Gegend an der Jade unsicher? Um diese und weitere Fragen geht es im Küstenmuseum in Wilhelmshaven. Die Ausstellung lädt zum Mitmachen ein, man kann viel aus- und anprobieren – wie zum Beispiel die Deicherstiefel.

Die Ausdehnungs- und Rückzugsphasen des Meeres seit der Eiszeit und die daraus entstehende Küstenlinie kann man sich an einem interaktiven Medientisch anschauen. Im Forschungslabor mit sechs verschiedenen Stationen schlüpfen Besucher in die Rolle eines Wissenschaftlers und können nachvollziehen, wie der Alltag der frühen Küstenbewohner ablief. Für Kinder spannend ist ein Modell der mittelalterlichen Sibetsburg. Die Nachwuchsseeräuber können an der Piratenfestung nicht nur ein Schiff zur großen Fahrt beladen und sich verkleiden, sondern auf dem Marktplatz auch mit erbeuteten Waren handeln. Dabei ist der Lerneffekt immer inklusive – was man damals mit den friesischen und hansischen Gütern herstellte, steht jeweils auf deren Rückseite.

Am Ende meines Rundgangs der Ausstellung wartet wieder etwas zum Anprobieren: ein waschechter Friesenmantel! Wie der aussieht? Das müssen Sie schon selbst herausfinden …

Das Küstenmuseum ist von Februar bis November geöffnet. Die Einrichtung bietet viele Veranstaltungen an, zum Beispiel *Lilli*Billi* mit vielen Abenteuern für Kinder.

81

Hausboote HT4 und HT5
International Boats
Dirk Kroll
Neuengrodendeich 10 b
26386 Wilhelmshaven-Rüstersiel
04421 82095
www.ibk-hausboote.de

ÜBERNACHTEN WIE EIN KAPITÄN

Hausboot auf der Maade in Rüstersiel

In einem kleinen Hausboot auf einem Fluss übernachten – der Traum aller Freizeitkapitäne! In Wilhelmshaven ist das möglich: Im Ortsteil Rüstersiel liegen auf der Maade, dem einzigen größeren Binnenfluss im Stadtgebiet, mehrere Hausboote, die man ganzjährig mieten kann. Wer den Aufenthalt mit einer kleinen Tour auf der Wasserstraße verbinden möchte, entscheidet sich für eine mobile Variante. Auf Gäste, die lieber am Steg bleiben möchten, warten stationäre Hausboote.

Die schwimmenden Domizile sind klein, aber perfekt ausgestattet – inklusive einer Dachterrasse mit Tisch und Stühlen für sonnige Tage und einem kuscheligen Kamin für die kälteren Monate. An Land gibt es einen Grillplatz mit Strandkörben, für Ausflüge auf dem Wasser liegen ein Kanu, ein Tret- und ein Ruderboot bereit. Von der Anlegestelle kann man mit dem Rad auf dem Deich bis nach Wilhelmshaven fahren und die Stadt erkunden. Die Entfernung bis ins Zentrum beträgt etwa drei Kilometer, die Fahrräder kann man sich direkt vor Ort vom Vermieter leihen.

In der direkten Umgebung gibt es immer etwas zu gucken – den Rüstersieler Hafen können Boote und größere Yachten mit bis zu 15 Meter hohen Masten anfahren. Der Fluss ist auch ein beliebtes Paddelrevier und zieht zudem Naturfreunde an. Das Ufer der Maade – übrigens ein Entwässerungssiel, der eine wichtige Funktion für den Hochwasserschutz übernimmt – säumen Büsche und alte Bäume. Im Sommer blickt man aus dem Hausbootfenster nicht nur aufs Wasser, sondern auch in dichtes Grün. Mit etwas Glück wird man morgens vom Geschnatter der Enten geweckt oder kann einen Austernfischer beobachten, der seine Kreise über den Fluss zieht. Herrlich entspannend!

Schalten Sie ihr Handy aus! Die Aussicht in die Natur kann man am besten genießen, wenn nichts bimmelt oder piept.

82

Containeraussichtsturm
(März–Oktober)
Steubenstraße
27568 Bremerhaven

Bremerhaven Touristik
Hermann-Heinrich-Meier-Straße 6
27568 Bremerhaven
0471 414141
www.bremerhaven.de

DICKE PÖTTE VON OBEN BEOBACHTEN

Containeraussichtsturm

Dicke Pötte am Terminal, Autotransporter in der Nordschleuse oder ein Kreuzfahrtschiff in der Lloyd-Werft – auf dem Container-Aussichtssturm in Bremerhaven weiß man gar nicht, wo man zuerst hingucken soll! In jedem Fall schaut man nach unten, denn die Plattform befindet sich in zwölf Meter Höhe. Das beeindruckt Sie wenig? Spätestens, wenn Sie über die luftigen Gitterstufen im Inneren der Container die obere Ebene erklimmen, werden Sie anders denken.

Der Ausblick ist unschlagbar – auf einen der größten geschlossenen Container-Terminals Europas. Die Stromkaje ist rund 5.000 Meter lang, bis zu 14 große Schiffe können anlegen. Falls dort zufällig gerade Ruhe herrschen sollte, haben Sie vielleicht an der zweitgrößten Schleuse Deutschlands Glück. Die wird hauptsächlich von imposanten Autotransportern genutzt. Ein bisschen Geduld ist allerdings – je nach Wasserstand – gefragt. Ein kompletter Schleusenvorgang der Riesen, die bis zu 335 Meter lang und 42 Meter breit sein können, dauert zwischen 15 und 45 Minuten. Infotafeln auf der Plattform helfen, den Prozess nachzuvollziehen. Auch die anderen Sehenswürdigkeiten der unmittelbaren Umgebung werden mit Hintergrundwissen vorgestellt. Wussten Sie zum Beispiel, dass Bremerhaven der größte deutsche Standort für Schiffsreparaturen ist? Alleine die Lloyd-Werft, die Sie ebenfalls vom Turm aus sehen können, verfügt über zwei Trocken- und zwei Schwimmdocks, an denen überholungsbedürftige Pötte anlegen können.

Übrigens: Die Konstruktion, die insgesamt aus zwölf Containern besteht, wurde mit Geld- und Sachspenden von mehr als 30 Unternehmen gebaut. Eintritt zahlen müssen Sie nicht. Eine kleine Portion Mut mitbringen sollten Sie hingegen schon.

Der Aussichtsturm ist von März bis Oktober geöffnet. Sie können gar nicht genug von Containerschiffen bekommen? Machen Sie doch noch eine Tour mit dem Hafenbus! Weitere Informationen bietet die Website der Stadt.

83

Treffpunkt Kaiserhafen

Die letzte Kneipe vor New York

Franziusstraße 92
27568 Bremerhaven
0471 42219
www.treffpunktkaiser-hafen.de

DIE LETZTE KNEIPE VOR NEW YORK

Gaststätte Treffpunkt Kaiserhafen

Eine alte Tauchermontur mit kupfernem Helm, eine Gallionsfigur, daneben Nebelhorn und Steuerrad, gehüllt in gedämpftes Licht von blank geputzten Schiffslampen – die Einrichtung im *Treffpunkt Kaiserhafen* passt perfekt zum Standort: Die Gaststätte und Seemannskneipe befindet sich direkt an der Alten Bananenpier im Überseehafen in Bremerhaven.

Martin Benecke, langjähriger Pächter und Betreiber des Restaurants, hat die Kuriositäten nicht etwa gekauft. Er hat sie überwiegend von Seeleuten erhalten, die sie nach vielen Jahren auf den Weltmeeren als Geschenke von Bord mitgebracht haben. Auch das Lokal schaut auf eine lange Geschichte zurück. Nach dem Zweiten Weltkrieg wurde es von Hafenarbeitern genutzt, um sich bei schlechtem Wetter bei einem heißen Essen aufzuwärmen und nach Feierabend ein Bier zu trinken (okay, manchmal auch mehrere). Seit den 1980er-Jahren sind die Räume verpachtet und der ehemalige *Treffpunkt* – inzwischen auch bekannt als *Die letzte Kneipe vor New York* – wurde Schritt für Schritt das, was er heute ist: ein Restaurant für ein bunt gemischtes Publikum. An den rustikalen Holztischen sitzen Hafenarbeiter und Schiffsleute neben Managern, Einheimischen und Ausflüglern.

Dass man sich nicht wie im Museum, sondern in einer lebhaften Gaststätte fühlt, hat wahrscheinlich mit der Art zu tun, wie Martin Benecke den Betrieb führt. Für ihn, der selbst aus einer Schifferfamilie stammt, steht statt maritimer Folklore ein aufrichtiges Interesse an der Seefahrt im Vordergrund. Ebenso wie die Gäste, denen er überwiegend norddeutsche Küche mit Hausmannskost und Fischgerichten anbietet. Deftig, aber lecker!

Übrigens: Auch der alte Taucheranzug mit dem Kupferhelm ist keine reine Deko – er gehörte einem Bremer Hafentaucher.

Entscheiden Sie sich für den Klassiker, das Fischerfrühstück! Das Gericht aus Krabben, Bratkartoffeln und Spiegelei passt zum maritimen Ambiente am Kaiserhafen.

84

Klimahaus Bremerhaven 8° Ost
Am Längengrad 8
27568 Bremerhaven
0471 9020300
www.klimahaus-bremerhaven.de

EINE VIRTUELLE WELTREISE

Klimahaus Bremerhaven 8° Ost

Die Luft ist heiß und trocken, der Sandboden karg, auf dem Weg zum Brunnen ist fast kein Laut zu hören. Mariam, ein Tuareg-Mädchen im Niger, legt die Strecke täglich zurück, um Wasser zu holen. Besucher des Klimahauses Bremerhaven gehen sie nur einmal – und erhalten so doch einen Eindruck vom beschwerlichen Leben in Mariams westafrikanischer Heimat.

Das Klimahaus lädt ein auf eine Reise entlang des achten östlichen Längengerades durch neun Stationen in acht Ländern auf fünf Kontinenten. Der Klimawandel und das Wetter sind die zentralen Themen der Wissens- und Erlebniswelt. Beim Rundgang können Besucher das Klima hautnah erleben und spüren! Sie schwitzen im Niger, lauschen exotischen Geräuschen im feuchten Urwald Kameruns und bibbern im ewigen Eis der Antarktis. Von 6 Grad minus bis 35 Grad plus bewegt sich das Quecksilber im Thermometer. In allen Klimazonen trifft man Menschen, deren Alltag durch das vorherrschende Klima stark beeinflusst wird.

Abenteuerlich ist vor allem das Leben der Yupik-Kinder Steven und Taylor, die Wale jagen, um sich von ihnen zu ernähren, und mit modernen Quads über die schneebedeckte Landschaft flitzen. Oder auch der Mikrokosmos Sardiniens, in dem die Besucher auf Insektengröße schrumpfen und sich plötzlich neben einer überdimensionalen Cola-Dose wiederfinden. Für den Brunnen im Niger mussten die Tuareg wiederum ein etwa 70 Meter tiefes Loch in den trockenen Wüstenboden graben. Wie lange sie dort noch Wasser holen kann, weiß Mariam nicht.

Eines wird klar: Nach dem Besuch des Klimahauses können wir den Klimawandel und die massiven Schäden, die dadurch entstehen, besser nachvollziehen. Und auch selbst etwas dagegen tun.

Sie wollen nur noch kurz die Welt retten? Kein Problem: Im *Future Lab* kann man mit schlauen Erfindungen das Klima verbessern und seine Spuren auf einer Weltkugel hinterlassen.

85

Deutsches Auswandererhaus
Columbusstraße 65
27568 Bremerhaven
0471 902200
www.dah-bremerhaven.de

KLEINES GEPÄCK UND GROSSE HOFFNUNGEN

Deutsches Auswandererhaus

Als Carl Laemmle 1883 einen Antrag auf Auswanderung stellt, ahnt er nicht, auf welches Abenteuer er sich einlässt. Ein Jahr später steht er am Kai in Bremerhaven, mit kleinem Gepäck und großen Hoffnungen. Dieselmotoren knattern, Möwen schreien, Menschen verabschieden sich, bevor sie mit zittrigen Knien an Bord gehen – die Heimat im Rücken und eine anstrengende Überfahrt vor der Brust. Als Carl Laemmle endlich auf Ellis Island vor New York ankommt, ist er heilfroh, endlich wieder festen Boden unter den Füßen zu spüren. Am Ziel ist er jedoch noch lange nicht. Wird er in Amerika bleiben dürfen?

Wie Carl Laemmle traten zwischen 1830 und 1974 mehr als sieben Millionen Emigranten von Bremerhaven aus die Schiffspassage in die USA, nach Kanada, nach Brasilien, Argentinien oder Australien an. Im Deutschen Auswandererhaus können Besucher 33 realen Biografien nachspüren: von 15 Menschen, die ins Land kamen, und von 18, die es verließen. Eine Auswanderung erleben Gäste hautnah mit – vom Kofferpacken über den Gang über die wackelige Gangway an Bord und die aufregende Ankunft in New York bis hin zu den ersten Schritten in der neuen Heimat. Mit einem Boarding Pass können sie an den Biografiestationen die Lebensgeschichte des jeweiligen Migranten und seiner Familie erfahren. Und zwar ohne Filter: Die Enge der ärmlichen dritten Klasse während der Überfahrt ist ebenso eindrücklich wie die unglaubliche Anspannung, als das Schiff Ellis Island erreicht. Machen Sie den amerikanischen Einwanderungstest und beantworten Sie neun der damals 28 gestellten Fragen – dürfen Sie bleiben?

Carl Laemmle beantwortete viele Fragen richtig. Was dann passierte? Das erfahren Sie im Deutschen Auswandererhaus!

Ihre Vorfahren sind ausgewandert? Am Ende des Rundgangs haben Sie die Möglichkeit, in zwei internationalen Datenbanken nach ihnen zu forschen.

86

Zoo am Meer
Hermann-Henrich-Meier-Straße 7
27568 Bremerhaven
0471 308410
www.zoo-am-meer-bremerhaven.de

Aug in Aug mit einem Eisbären

Zoo am Meer

Der Star des Zoos heißt Lloyd, bringt imposante 400 Kilo auf die Waage und hat glänzendes weißes Fell. Zusammen mit seiner Freundin Valeska sorgt der Eisbär regelmäßig für Trauben staunender Menschen vor seinem Domizil. Mit schweren Schritten stapft Lloyd über Sand und Gras, dreht den Kopf zu seinen Gästen und hält prüfend eine Pranke ins Wasser.

Noch ein letzter Blick auf den Koloss, bevor wir den Rundgang durch den Tiergarten fortsetzen, der bergauf und bergab führt. Heute wie eine kleine Felseninsel angelegt, eröffnete der Zoo am Meer 1913 ursprünglich als ein reines Nordseeaquarium. Gehege und Wasserbecken kamen 1928 dazu, zwischen 2001 und 2004 wurde die Anlage komplett neu gebaut. Nun gibt es fast keine Gitter mehr, die Besucher können die Tiere durch Glas beobachten. So nah wie hier kommt man Eisbär, Pinguin und Co. wahrscheinlich nie wieder. Insbesondere für Kinder ist der Aufenthalt ein Erlebnis. Alle Scheiben reichen bis zum Boden – selbst die Kleinsten können somit Polarfüchsen und Pumas auf Augenhöhe begegnen. Und wer noch nicht lesen kann, erfährt auf bunten Klappschildern, wer einen da neugierig aus dem Gehege anguckt.

Der Bremerhavener Tiergarten, direkt am Deich der Unterweser gelegen, ist die kleinste Einrichtung, die der Gemeinschaft der wissenschaftlich geleiteten Zoos angehört. Aber er ist auch aus anderen Gründen außergewöhnlich. Oder wann haben Sie schon einmal einen Seehasen oder einen Tintenfisch gesehen, der seine Bahnen durchs Wasser zieht? In Bremerhaven geht das: Das Aquarium zeigt verschiedene Lebensräume der Nordsee, insgesamt 500 Meerestiere aus 54 Arten, von den Besuchern nur durch dickes Glas getrennt. Fast bekommt man den Eindruck, Teil der Unterwasserwelt zu sein und mit dem Seewolf um die Wette schwimmen zu können.

Falls Sie gerne wissen möchten, was Robben und Pinguine verspeisen: Schauen Sie bei den Fütterungen zu! Die Zeiten erfahren Sie am Eingang.

87

Grete's – Café am Kai
Fischkai 57
0471 62113
27572 Bremerhaven

Fischkai57 GmbH
Fischkai 57
27572 Bremerhaven
0471 9586667
fischkai57.chayns.net

BIO-KAFFEE AM HAFEN

Grete's Café am Kai

Weiter, immer weiter führt mich die Navigations-App meines Handys. Immer entlang des Fischereihafens I., vorbei an verschiedenen Betrieben – vom Metallbau bis zum Fischgroßhandel. »Sicher, dass hier noch ein Café kommt?«, murmle ich mehr zu mir selbst und gucke fragend aufs Display. Als ich schon fast umdrehen will, entdecke ich plötzlich eine strahlend weiße Halle, davor rustikale Holzbänke und Liegestühle neben umgedrehten Getränkekisten. Das muss es sein: *Grete's*, das *Café am Kai*!

In dem alten Gebäude, in dem früher schwere Motoren für Fischkutter zusammengebaut wurden, treffen sich heute Familien, Spaziergänger und Fahrradausflügler. Ein massiver selbst gebauter Tresen auf rauem Asphalt, Tische und Stühle aus hellem Holz, moderne Kunst an den weiß verputzten Wänden, darüber ein für die Industriearchitektur der 1950er-Jahre übliches Sheddach: *Grete's* schlägt einen charmanten Bogen von der Vergangenheit in die Gegenwart.

Die Liebe zum Detail findet sich auch auf der Bistrokarte wieder. Convenience-Food, Geschmacksverstärker und künstliche Aromen kommen nicht auf den Teller, stattdessen Qualität, die schmeckt: Bio-Kaffee, frisch gebackene Kuchen – unter anderem laktose- und glutenfrei – sowie warme vegetarische Speisen wie verschiedene Veggie-Burger heben sich deutlich vom Mainstream ab. Immer aufs Haus gibt es dazu die Aussicht aufs Wasser und einen gut gelaunten Klönschnack mit Christiane Adamczak, die das Café gemeinsam mit ihrem Partner René Russell betreibt.

Falls Sie sich also mal auf den Weg zum *Grete's*, dem *Café am Kai* machen und Sie schon fast wieder umdrehen wollen: Tun Sie es nicht – der Weg lohnt sich! Außerdem schmecken Kaffee und Kuchen nach einem kleinen Fußmarsch doppelt lecker.

Mehr Raum für Kunst: Wechselnde Ausstellungen mit Bildern, Exponaten und Installationen sind in der angrenzenden Galerie des *Fischkai57* zu sehen – direkt neben dem *Grete's*.

88

Strandapartments Inselmaedchen
Inselstraße 5
28790 Schwanewede-Harriersand
0176 22067712
www.inselmaedchen.com

Strandhalle Harriersand
Inselstraße 18
28790 Schwanewede
04296 419
www.strandhalle-harriersand.de

EILAND IM FLUSS

Strandappartements Inselmaedchen auf Harriersand

Es war einmal ein Mädchen, das wuchs auf Harriersand auf – einer schmalen Flussinsel in der Weser. Die vorbeiziehenden Wolken überm Kopf, der Wind im Gesicht, die klare Luft in der Nase – das war ihre Heimat. Der Liebe wegen zog das Inselmädchen hinaus in die weite Welt. Weil sein Herz jedoch immer auf Harriersand zu Hause war und es anderen Gästen die raue Schönheit der Flussinsel zeigen wollte, erwarb es ein altes Bauernhaus und baute es mit viel Herzblut um. Ein Name war auch schnell für die Ferienappartements gefunden: *Inselmaedchen*!

Wer Ruhe sucht inmitten von sattgrünen Weiden und schwarzbunten Kühen, in direkter Nähe zur Weser mit dem Wechsel von Ebbe und Flut, der ist hier richtig. Auf Harriersand ticken die Uhr noch einmal langsamer als in der Wesermarsch. Auf dem Eiland laden Naturstrände zu Spaziergängen ein, ein Radwanderweg führt an historischen Bauernhöfen vorbei zu einer kleinen Brücke, die die Insel mit dem Festland auf der östlichen Weserseite verbindet.

Die vorbeiziehenden Schiffe kann man ungestört von der Terrasse aus beobachten. Der private Sandstrand ist vom Appartementhaus nur durch eine schmale Straße getrennt, die – wir sind auf Harriersand! – kaum befahren ist. Vom Frühjahr bis zum Herbst verbindet die Fähre *MS Guntsiet* die elf Kilometer lange und an einigen Stellen nur 500 Meter breite Flussinsel mit der Kreisstadt Brake. Im Winter bleibt nur der Weg über die Autobrücke. In der kalten Jahreszeit kann es auch ein wenig ungemütlich werden: Bei Sturmfluten, wenn Nordseewasser in die Wesermündung drückt, können Teile des Eilands überschwemmt werden.

Dem *Inselmädchen*, das noch immer regelmäßig seine Heimat besucht, sind kalte Temperaturen allerdings egal. Es freut sich immer über die vorbeiziehenden Wolken überm Kopf, den Wind im Gesicht und die klare Luft in der Nase …

Schwingen Sie sich aufs Fahrrad! Harriersand kann man am besten mit einem Drahtesel erkunden. Eine Pause können Sie im Restaurant *Strandhalle* einlegen.

KRIMIS AUS DER REGION

Barow,
Baltrumer Dünengrab
978-3-8392-2656-8

Bitter,
Tod im Teufelsmoor
978-3-8392-2269-0

Hunold-Reime,
Rache am Siel
978-3-8392-2248-5

Nagels,
Käthe ermittelt
978-3-8392-2226-3

Skalecki/Rist,
Schwanen-sterben
978-3-8392-1230-1

Westphal,
Spätes Gewissen
978-3-8392-2077-1

SPANNUNG

GMEINER

WWW.GMEINER-VERLAG.DE
Wir machen's spannend